光文社知恵の森文庫

高 信太郎

まんが ハングル入門

笑っておぼえる韓国語

光文社

プロローグ　お隣の国の言葉をおぼえよう

アンニョンハシムニカ。高信太郎です。この本でぼくは漫画家ではなく、ハングルの教師をつとめます（と言っても、まんがでハングルをお勉強していただくんですが）。

この本でぼくが言いたいのは、お隣の国の言葉をおぼえよう、ということです。

じつは、これは世界では当たり前のことなんですね。フランスの北のほうの人がドイツ語を喋《しゃべ》ったり、南のほうはスペイン語ができたり、またスペイン人はイタリア語やポルトガル語がうまい（正確には隣どうしじゃないけれど）。まァこれはその逆も同じことで、お隣の言葉というのは自国語と似ているからおぼえやすいんだと思います。使う機会も多いしね。

日本と韓国も同じです。日本語が喋れる韓国人は、ほんとうにたくさんいます。ところが韓国語が喋れる日本人はと言うと、じつに少ない。珍しいくらいです。なぜかと言うと、喋らなくてもすむからなんですね。ずっといままでそうだった。

ぼくの友人で、韓国へ何十回となく行っている人がいますが、いまだに喋れない。「もしもし《ヨボセヨ》」ぐらいです。これは、韓国へ行っても全部日本語でまにあってしまうからで、またそういう所へしか行かないからなんです。でも、それでは韓国の面白さというか、韓国のほんとうの良さがわかったことにはならないと思うんで、この本でハングルをちょっと知って、韓国の良さをわかってもらえれば、と思うんです。

ソウルの街を歩くと、目に入るのはハングルだけです。看板から標識から、その他ありとあらゆるものが、みなハングルで書かれている。これを見た日本人はみんな「違う」と思っちゃう。頼りになる漢字やアルファベットがないからね。

むしろ台湾や香港のほうに親しみを持ってしまう。「食」とか「酒」「薬」とかの漢字があるからです。それだけで、たぶんここは食堂であろう、酒屋であろう、と見当がつく。

韓国はと言うと、「○と□と△ばっか」となる。日本人にはそう見える(ほんとうはハングルに△はないんだけど)。これを一日中見ていると、日本人観光客はクラクラめまいがするそうです。これは関川夏央《せきかわなつお》さんが名付けた「ハングル酔い」というやつ。こうならないためには、もうおぼえるしかないわけですよ。ハングルを!

日韓共通の熟語を使って、語彙《ごい》をどんどん増やそう

ハングルとはなんぞや、と言うとハンのグルということでして……バカみたいな言い方だけど、でもそうなんです。ハングルという字をハングルで書くとこうなります。

한 글

한は「偉大な」とか「大きな」、グレートという意味ね。글は「文字」。つまり한글とは「偉大なる文字」ということ。一万ウォン札に描かれている李朝第四代の世宗《セジョン》という王様が、十五世紀につくったというかつくらせたというか、そういうこの国独自の文字です。

だけど글は「字」という意味ではあっても「字」を表わす字ではないんだよ……こう言うとこんがらかるでしょう。

漢字の「字」という字はハングルでは자《チャ》と書く。だから漢字は한자《ハンチャ》となります。韓国ではもともとの固有語と中国から来た漢字語を使い分けているわけ。このへんも日本と似てますね。

日本人が知っている韓国との共通の漢字をハングル発音できれば、語彙の習得はすごくラクになります。日本のような訓読みがなく、原則的に音読みで、一字一発音で

すから。

「文」という字をおぼえれば、「文章」「文具」「文化」なんて言葉に次々と発音を応用できる。漢字のしりとりで単語をおぼえていけるのが、この本のいいとこです。

少しだけでもハングルがわかるようになると、ソウルの看板のハングルの元の漢字が見えてきます。たとえば약《ヤク》というのは「薬」という漢字のハングル表記です。薬屋さんの看板かな、と見当がつくわけです。韓国は薬屋さん多いよ。街じゅうこの看板だらけといってもオーバーじゃないくらいだ。さすが高麗人参の国って。

とにかく、まず一歩中に、ほんの少しでもいいから近づこうと。ぼくといっしょに、ハングルの超初歩をやりましょう。これがいちばん大事なことなんです。ハングルの垣根の中にさえ入れれば、あとはラクです。ぼく程度には誰でもすぐ喋れます！

韓国人と仲よくなると、隣の国がこんなに面白かったのかって思うよ。

それには、ぼくの考えたおぼえ方があるんだな。これを韓国クラブでやるとすごくウケて、ホステスさんたちがみんなメモをとるよ。自分のお客にこの方法で教えようとするんです。だから韓国人にも認められた、いい方法だと思うわけ。

では、コーシン式ハングル学習法は、わかりやすくまんがでやろう。

高　信太郎

まんが ハングル入門 目次

プロローグ　お隣の国の言葉をおぼえよう　3

1章　まんがでおぼえるハングル子音　11

コラム1　ぼくの韓国語のきっかけ、関川夏央さん　18

子音一覧 38

2章　ハングル母音は口の形で　39

コラム2　韓国語マスターを決心させた、崔洋一監督　56

反切表 53

3章　あなたの名前を書いてみよう　57

コラム3　「日本語と韓国語は親戚」と思えるワケ　63

複合母音の入った単語 64　パッチムの入った単語 68

複合子音 71

コラム4　ソウルの街はなぜハングルだらけ？　80

4章　あいさつしてみよう　81

5章　熟語＋ハダで会話できる　127

コラム5　盧泰愚の「ノ」と、なんとかはの「は」　137

コラム6　日本語は韓国語の方言だった？　147

コラム7　韓国人と日本人の相互理解　169

コラム8　ソウルが東京だとすれば、釜山は大阪？　189

6章　ソウルの街を歩いてみよう　191

コラム9　喋れるようになってからの苦労　216

おさらい　217

文庫版あとがき　221

1章

まんがでおぼえるハングル子音

ハングルをおぼえてソンはありませんではどんなトクがあるかというと…
その①日本で使える
アンニョンハセヨ？
ネーオソオセヨ
焼肉
焼き肉屋さんで使うとサービスがよくなります（これホント）
マーニトゥセヨ
カムサハムニダ
デーン
その②韓国で使える
当たり前だって？それが違うんだなァ
韓国でハングルが使えるとすごくトクします（日本語の通じる店は高い）
オルマエヨ？
オーチョンウォン
カッカチュセヨ
クロミョン……

その③友人ができる
チャル プタッカ ムニダ
ヨロシク オネガイ シマス
その④恋人ができる
サラン ヘヨ
アイ シテル
できなくても 責任は負わない
その⑤韓国のまんがが読める
ウーム チェミ イッタ!
おもしろい
만화
その⑥韓国カラオケが歌える
トラワヨー
プサンハンへー
そのほかいっぱいあります 日本人がいちばん おぼえやすく いちばん役に 立つ 外国語 それが ハングル なのだ!
ジャーーン
한글

ではさっそく生徒さんを紹介しましょうお名前は？
たかはしきくこです
たかはしゆいこです
ママどうして私たちがハングルを習わなきゃいけないの？
ほかに生徒がいないんだからしょうがないでしょ
大人と子供が一人ずつじつはぼくの妻と娘です
ハングルはとってもカンタン習ったその日からしゃべれるよ
한글
子音が14母音が10合わせて24字なのね

日本語の50音より少ないのね
英語のアルファベットより少ないよ
ABC DEF あいうえお
가나다라
そうだからすぐにおぼえられる
この字をつくらせた世宗大王も言っている
むむ！でかした！
가 나 다 라 마 바 사 아 자
利口で半日馬鹿でも10日で身につく
これなら字の読めない者はわが国からいなくなる
very good
だからハングルは最初女性や子供の字といわれたんだって
女
子
日本のカナみたいなものカナ？
なんちゃって

だから
その24文字を
コーシン式で
テッテー的に
おぼえよう！
ハミヨン テンダ
なせばなる！
パパに
こういう
特技があるとは
知らなかったわ
ママも
よ
これには
ちょっとした
わけがあるのだ
どういう
わけ？
？
それは読者の
みなさんへの
クイズに
しよう
どうしてぼくが
ハングルを習うように
なったか
そのキッカケはどれでしょう
①初めての韓国で
ガイドの金さんにだまされたから
ダイジョーブ
トモダチ
スッカラカン
くそ！
しゃべれたら
なァ
②在日韓国人と
ケンカしてなぐられたから
くそ！
この次は言葉で
勝ってやる

③ひやかしでハングル教室へ行ったら生徒がぼく一人だったのでやめられなくなって…
한글
しょうがねェ
これも運命だ
④韓国クラブのママさんに惚れられて…
サランヘー
ナドー
さて
正解はどれでしょう
答えは次のページ
当たっても
何も出ない
けどね
なんか
ロクな
動機じゃ
ないわね
④じゃ
ないことは
確かだと思う
ドーキは
なんでもいいの
要は
ハングルを
おぼえれば
いいんだから
はい
はい
私のキッカケは
パパの娘だった
からか
やれやれ

コラム

1　ぼくの韓国語のきっかけ、関川夏央さん

関川さんは最初まんがの原作をやっていて、ぼくと同業者だったんだけど、突然変わったんです。

やっぱりいちばん印象づけられたのは、まんがではない『ソウルの練習問題』（集英社文庫）と『海峡を越えたホームラン』（双葉文庫）ですね。

この二冊は韓国ウオッチャーのすそ野をものすごく広げたと思うんです。それまでの韓国ものというと、みんな純文学で「重くて、つらくて、暗くて」ってのばっかりだったでしょ。一方的に「日本が悪い」みたいな……。それを関川さんは「普通の韓国」として描写してくれた。あの頃、そんな書き方をしてたのは関川さんだけじゃないかなあ。

個人の興味だけで韓国にのめり込んだ彼のような人がいたから、いまのぼくもいるんだと思います。

関川さんの本を読んだ後、大塚ぐおというフォーク系の歌手と会ったんだけど、彼は日本人なのに韓国語がぺらぺらなんだよね。聞いてみたら「焼き肉屋でおぼえた」んだって。すごくうらやましくて、そのとき韓国語に興味を持ったんです。

でもミュージシャンの耳と漫画家の耳は違うんだろうって あきらめてました。

だから自分が韓国語を喋れるようになるとは思っていなかった。こんなぼくが韓国語をマスターしたのには、ある恩人がいるんですよ。その話は次のコーナーで。

※17ページの答え＝全部正解です。

ぼくのこの姿が何に見えますか？
何に見える？
まんがみたい
歩いている人かしら？
そうパパが考えたキャラクター韓国語でいうとモジャスゴコッコインヌンサラム（帽子をかぶって歩いている人）通称モジャ君だ
そうじつは私の形の中にハングルの子音が全部入っているんです
だからそれをひとつずつ取り出しておぼえればいいわけ
へエー
さあそれじゃさっそくはじめましょう
はーい

まず右の肩の部分をちょっと取ってみて
ここね
はいはい
ハングル子音①
기역（キヨク）
これがキヨクといってKの音です
Kね
キヨク正しくのKと記憶しましょうなんちゃって
K
肩のKとおぼえよう
カマのKでもいいね
次が反対側の下の部分
この部分
ハングル子音②
니은（ニウン）
ニウンといってNの音です
よいしょって

平がなの「ん」に似ているでしょ無理すれば
ん
N
それでNとおぼえるのね
ちょっと強引だけどね
次はコの部分
ココが
ティグッといってTの音です
ハングル子音③
디귿（ティグッ）
これがTだなんておぼえられないよ
カタカナのコの字の反対とおぼえるといいよ
コ
T
つまりコテとひっくりかえってコがTになったわけ
コテッちゃ〜んね

次はちょっと複雑
こーいってあーいってこーくる
ハングル子音④
리을(リウル)
はいこれがリウルといってRの音でアール
どうおぼえればいいのかしら
リュウみたいな字とおぼえればいいよ細工はリウルリウル仕上げをごろうじろ
R
モジャ君.まんがもうまいのね
リュウのRね
そしてこれはLでもある
L
つまり日本のラリルレロです
だから韓国人もRとLの発音がうまくないみたい
日本人といっしょね

次はこの胴体全部だ
よいしょっと
ハングル子音⑤
미음(ミウム)
ミウムといってMの音です
漢字の口《くち》みたいね
だからM(無)口《くち》とおぼえてもいいし
M
英語のマウスのMでもいいじゃない
M
次がセンターラインの入ったこの部分
ハングル子音⑥
비읍(ピウプ)
ピウプといってPの音
ピウプねえ

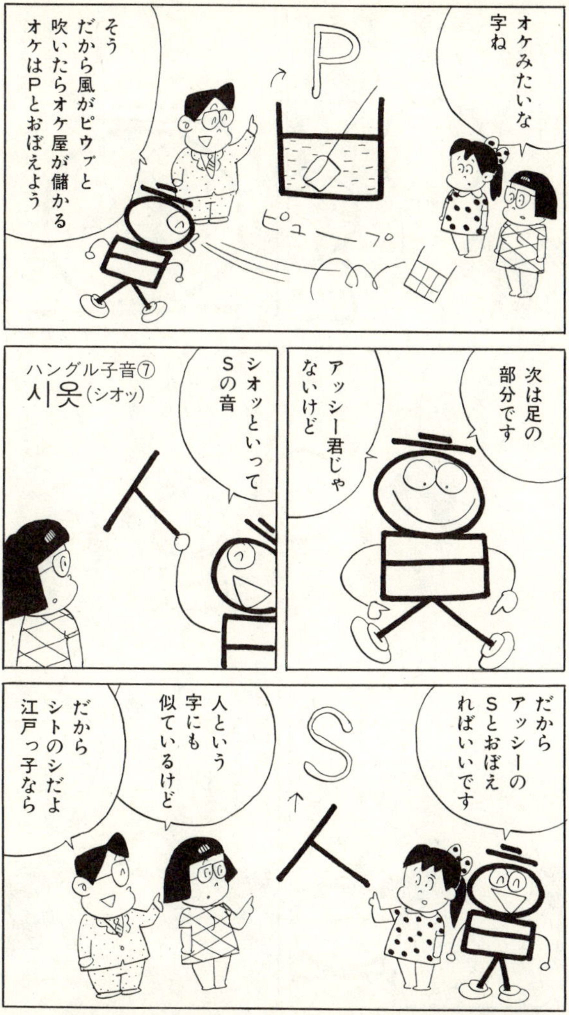
オケみたいな字ね
そう
だから風がピウㇷ゚と吹いたらオケ屋が儲かる
オケはPとおぼえよう
P
ピューーㇷ゚
次は足の部分です
アッシー君じゃないけど
シオッといってSの音
ハングル子音⑦
ㅅ|옷（シオッ）
だからアッシーのSとおぼえればいいです
S
人という字にも似ているけど
だからシトのシだよ江戸っ子なら

次はここ顔です
ハングル子音⑧
이응（イウング）
イウングといって発音しない
えーっ？
発音しない字なんてあるの？
だから0《ゼロ》なのか
NG
ところが終声にくるとNGという発音になる
NGってダメってこと？
HONG KONG
そうじゃなくてホンコンと言うときのNGの音だよ
だからLのNではなく鼻に抜けるングという音
ピンポンとか

次はこの部分
足プラス腰だね
ハングル子音⑨
지읒(チウッ)
チウッといってCHの音
普通に書くときはこーなる
CH
カタカナのスと同じね
ややこしいわね スがCHだなんて
キスのスならCHUとおぼえるだろ
やらしいわね
CHU
次はよく見てね今の部分にセンターラインが入ったもの

これがチウッといってCHの音になります
ハングル子音⑩
ㅊ 치읓(チウッ)
?
?
なによ!! いまスがCHだって言ったじゃない!
だからつまりこれはスの激音なんだ
激音?
そう息を強く出して発音する
モジャ君ちょっとやってみて
チウッ!
だからこれは同じCHでもダッシュをつけておぼえる
CH
ダッシュ
カタカナのネの字のーを忘れた字みたい
激CHね

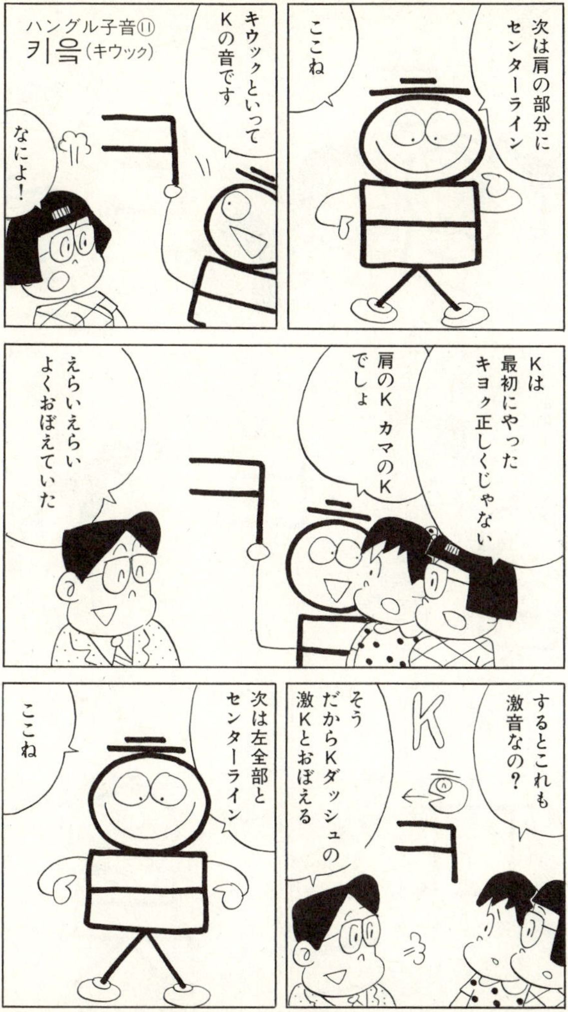
次は肩の部分に
センターライン
ここね
ハングル子音⑪
키읔（キウック）
キウックといって
Kの音です
なによ！
Kは
最初にやった
キョク正しくじゃない
肩のK カマのK
でしょ
えらいえらい
よくおぼえていた
するとこれも
激音なの？
K
そう
だからKダッシュの
激Kとおぼえる
次は左全部と
センターライン
ここね

ハングル子音⑫
티읕（ティウッ）
ティウッといって Tの音
わかったわ
Tの激音ね
そういうこと
アルファベットの Eと同じね
EはT だからE・Tと おぼえよう
次がちょっと 変わっている んだけれど
ここここを ちょっと ひっぱって
ハングル子音⑬
피읖（ピウプ）
ピウプといって Pの音

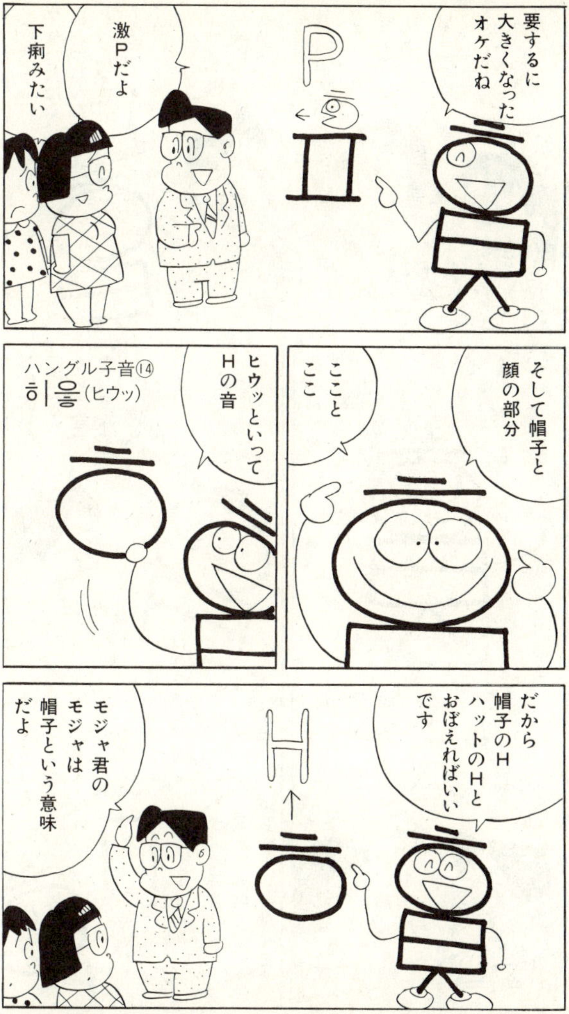
要するに
大きくなった
オケだね
P
激Pだよ
下痢みたい
そして帽子と
顔の部分
ここと
ここ
ヒウッといって
Hの音
ハングル子音⑭
히읗（ヒウッ）
だから
帽子のH
ハットのHと
おぼえればいい
です
H
モジャ君の
モジャは
帽子という意味
だよ

これで子音の14字が終わったんだけどじつは濃音というのがあるんだ
濃音
えーまだあるの?
パパのウソつき
これはもう応用だよモジャ君やってみて
はいはい
肩の部分を2つ取り出します
キヨクを2つね
サンキヨクといってKの音
ハングル子音⑮
쌍기역(サンキヨク)
ㄲ
サンは漢字の双という字で2つという意味です
ㄱもKでㅋもKでㄲのKはどう違うのよ
うーむ

ここが日本人にとってハングルのむずかしいところだけどとりあえずみんなKとおぼえちゃえばいいさ
ㄱ → K
でも違うんでしょう
違いを言うとㄱは普通のK
ㄱ
K
ㅋは激音のK
ㅋ
K
そしてㄲのKは息を出さずにむしろ強く吸い込む感じでK
ㄲ
K
むずかしいわね

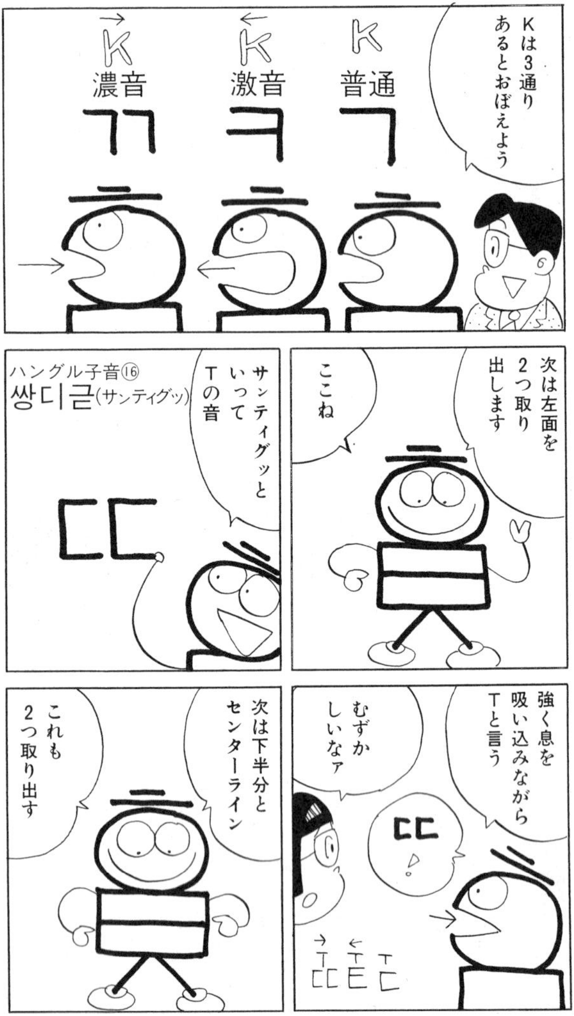
Kは3通りあるとおぼえよう
K 普通 ㄱ
K 激音 ㅋ
K 濃音 ㄲ
次は左面を2つ取り出します
ここね
サンティグッといってTの音
ハングル子音⑯
쌍디귿(サンティグッ)
ㄸ
強く息を吸い込みながらTと言う
むずかしいなァ
ㄸ
ㄸ ㅌ ㄷ
次は下半分とセンターライン
これも2つ取り出す

ハングル子音⑰
쌍비읍(サンピウプ)
サンピウプといってPの音
ㅃ
→P ←P P
ㅃ ㅍ ㅂ
次は足が2つ
ダブルアッシー君で
ハングル子音⑱
쌍시옷(サンシオッ)
サンシオッでSの音
ㅆ
→S S
ㅆ ㅅ
息を吸うSの音
ㅆ!
Sには激音はないのね
そして最後は足と腰の部分
これもやはり2つ取って
ハングル子音⑲
쌍지읒(サンチウッ)
サンチウッCHの濃音
ㅉ
→CH ←CH CH
ㅉ ㅊ ㅈ

これでいちおう子音が全部出たわけです
どうもおつかれさまごくろうさん
フウー
冗談じゃないわやってられないわよ
でもこれは絶対おぼえなきゃいけないいんですよ
どうしてよ
なぜならこれは辞書を引くときの順番だからさ
ダー
まァまァコーシン式ならすぐおぼえられるというところを復習として表にしてみよう
はいモジャ君ポーズをとって

コーシン式ハングル子音早見表

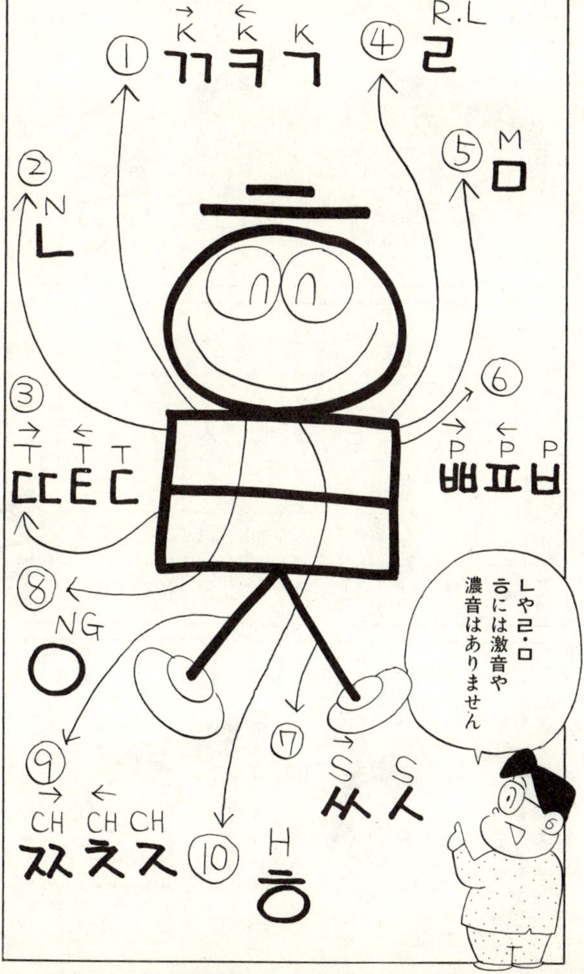

要するに10個おぼえればいいわけです
KやTやP S CHはグループになるのさ
なるほどね
わかった

子音一覧

	1	2	3	4	5	6	7	8	9	10
平	ㄱ	ㄴ	ㄷ	ㄹ	ㅁ	ㅂ	ㅅ	ㅇ	ㅈ	ㅎ
激	ㅋ		ㅌ			ㅍ			ㅊ	
濃	ㄲ		ㄸ			ㅃ	ㅆ		ㅉ	
発音	K	N	T	R.L	M	P	S	NG	CH	H

はいこれで子音が終わりました
ちょっとコーヒーブレイクだ
はい おつかれ おつかれ

2章

ハングル母音は口の形で

さてそれでは今度は母音だ これは10字ある
母音だからママがおぼえてね
じゃ子音はあんたがおぼえるのよ
母音はぼくよりカンタン 3つの部分からできています
天地人のようだな
天
人
地
灯台みたいね
ローソクみたい
人のタテ棒に天丸がひとつあると これがA(あ)です
A
えーっそうなの?
昔はそうだったんだけど今は短い棒になっている
昔
今
なんだかカタカナのトみたいね

大切なのは発音です
口を大きく開けて
A(あ)と発音して
ください
口を
アーンの
Aとおぼえ
よう
A
ㅏ
あ
次に天丸が2つで
YA(や)
これもそのまま
大きく口を開けて
YA(や)
昔
ㅑ
今
ㅑ
YA
や
読者のみなさんも
恥ずかしがらず
鏡を見て練習してね
今度は
天丸が左横に
ついてO(お)
ㅓ
おー
これも今は
短い棒だ
昔
今
ㅓ
ㅏ(A)の
ひっくり
返った形ね

これも
発音が大事です
大きく口を開いて
O(お)ー
O
おー
おー
はい
みなさんも
ごいっしょに
次は天丸が2つに
なってYO(よ)ー
昔
今
YO
よー
口はそのまま
大きくあけて
よー
次は地の棒に
天丸ひとつで
O(お)ー
天
地
?
これも今は
短いタテ棒ひとつ
昔
今
あらでもO(お)ーは
さっきやったじゃない

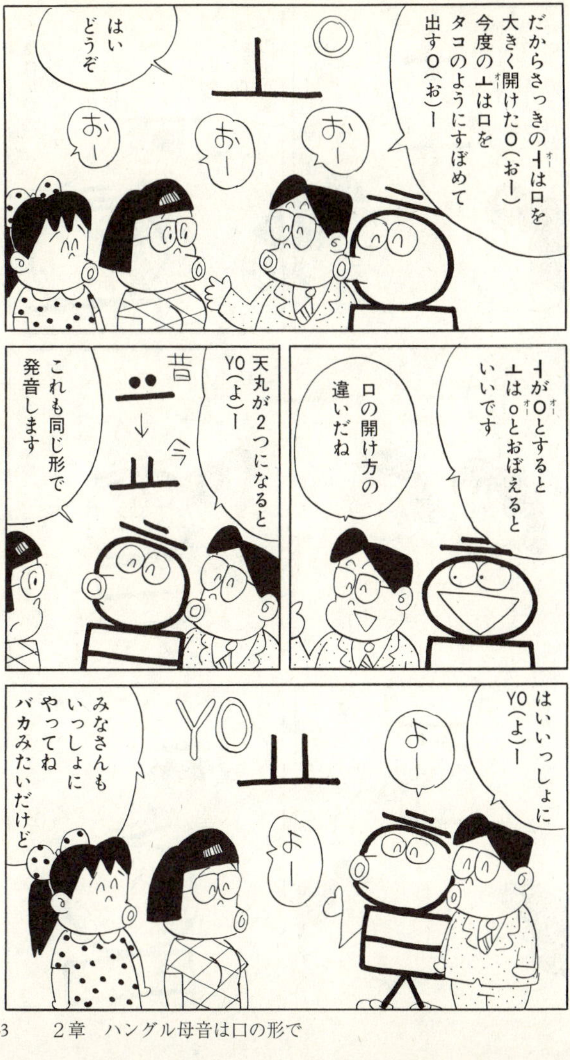
だからさっきのㅓ《オー》は口を大きく開けたO(おー)今度のㅗ《オー》は口をタコのようにすぼめて出すO(おー)
O
ㅗ
おー
おー
おー
はい どうぞ
ㅓがO《オー》とするとㅗはㅇ《オー》とおぼえるといいです
口の開け方の違いだね
天丸が2つになると YO(よ)ー
昔
今
ㅛ
これも同じ形で発音します
はいいっしょに YO(よ)ー
よー
よー
YO
ㅛ
みなさんもいっしょにやってねバカみたいだけど

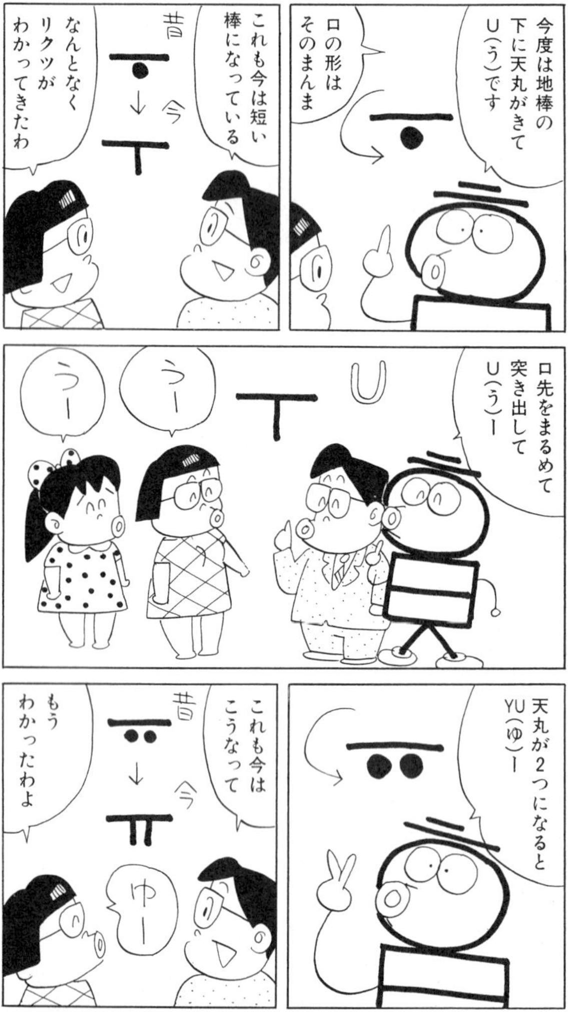
今度は地棒の下に天丸がきてU(う)です
口の形はそのまんま
これも今は短い棒になっている
昔
今
なんとなくリクツがわかってきたわ
口先をまるめて突き出してU(う)ー
U
うー
うー
天丸が2つになるとYU(ゆ)ー
これも今はこうなって
昔
今
ゆー
もうわかったわよ

そして地のヨコ棒だけ天丸なし
地
これは何て言うの？
Uです
つまり口を横にひっぱったUだよ
そんなUがあったかしら？
ではごいっしょにU
うー
うー
で最後が人のタテ棒だけ口はそのままでIーです
人
つまり普通のIだね
はいそれではIー
これはIと似てるからおぼえやすいわね

これで母音を10個
おぼえたことになる
ㅏ ㅑ ㅓ ㅕ ㅗ ㅛ ㅜ ㅠ ㅡ ㅣ
A YA O YO O YO U YU U I
ア行だけでなく
ヤ行も母音なのね
では発音の
復習
最初の
アヤオヨは
大きな口
はいどうぞ
A YA O YO
ㅏ ㅑ ㅓ ㅕ
次の
オヨウユは
丸く突き
出した口
はいどうぞ
O YO U YU
ㅗ ㅛ ㅜ ㅠ

最後のウイは口を真横にして
はいどうぞ
I ㅣ
U ㅡ
しかしハングルは子音だけ母音だけでは文字になりません
子＋母＝字
子音と母音を足してはじめて字となるんだ
それではこれからが本当のハングルの勉強です
さあがんばろう
ちょっと休憩にしない？
さんせい！

それではハングルのつくり方ですまず子音＋母音です
子音の①は何だっけ？
えーとキヨク正しくのㄱ(K)
正解！これですね
ㄱ
パチパチ
では母音の最初は？
えーとアヤオヨだから
ㅏ(Aあ)
そうそうするとこの字ができる
はい何という字でしょう？
A←
→K
えーとKとAだから
KAだ
가

そう
KとAの合体
だから
KA가という
字になる
KA
가
か
そうか!
そうだった
のか!
ではその
調子でほかのも
やってみよう
NA 나 な
TA 다 た
RA 라 ら
MA 마 ま
PA 바 ぱ
SA 사 さ
A 아 あ
CHA 자 ちゃ
CHA 차 ちゃっ!
KA 카 かっ!
TA 타 たっ!
PA 파 ぱっ!
みなさんも
声を出してね
これは○を発音
しないのね
ここからが
激音ね

はい最後はこれね
HA
하
は
韓国人はこの字で笑います
하하하
日本人はこの字ね
ははは
では濃音もやっておきましょう
→ KA
까
→ SA
싸
→ TA
따
→ CHA
짜
→ PA
빠
息を吸い込みながら強く言うのね
要するにローマ字のようなものね
そういうこと

それでは今度は ㄱ（キヨク）の母音を全部発音してみよう
キヨク
ㄱ
まず これは？
KA
가
か
次は
KYA
갸
きゃ
KO
거
こ
KYO
겨
きょ
KO
고
こ
KYO
교
きょ
KU
구
く
KYU
규
きゅ
가
人の棒は横に
고
地の棒は下にくる

同じ口で
KU
구
KI
기
くー
きー
つまりハングルは音を出すための表音文字というわけ
なるほどね
ちなみに表意文字とは漢字のことさ
水山人
目子川
木火田
字に意味がある
象形文字からきているのね
それではいままでに習ったものを表にしてみましょう
これを反切《はんぎり》表というんだ
ふーん

反　切　表

母音 子音	ㅏ ア	ㅑ ヤ	ㅓ オ	ㅕ ヨ	ㅗ オ	ㅛ ヨ	ㅜ ウ	ㅠ ユ	ㅡ ウ	ㅣ イ
ㄱ ク	가 カ	갸 キャ	거 コ	겨 キョ	고 コ	교 キョ	구 ク	규 キュ	그 ク	기 キ
ㄴ ヌ	나 ナ	냐 ニャ	너 ノ	녀 ニョ	노 ノ	뇨 ニョ	누 ヌ	뉴 ニュ	느 ヌ	니 ニ
ㄷ トゥ	다 タ	댜 テャ	더 ト	뎌 テョ	도 ト	됴 テョ	두 トゥ	듀 テュ	드 トゥ	디 ティ
ㄹ ル	라 ラ	랴 リャ	러 ロ	려 リョ	로 ロ	료 リョ	루 ル	류 リュ	르 ル	리 リ
ㅁ ム	마 マ	먀 ミャ	머 モ	며 ミョ	모 モ	묘 ミョ	무 ム	뮤 ミュ	므 ム	미 ミ
ㅂ プ	바 パ	뱌 ピャ	버 ポ	벼 ピョ	보 ポ	뵤 ピョ	부 プ	뷰 ピュ	브 プ	비 ピ
ㅅ ス	사 サ	샤 シャ	서 ソ	셔 ショ	소 ソ	쇼 ショ	수 ス	슈 シュ	스 ス	시 シ
ㅇ 無音	아 ア	야 ヤ	어 オ	여 ヨ	오 オ	요 ヨ	우 ウ	유 ユ	으 ウ	이 イ
ㅈ チュ	자 チャ	쟈 チャ	저 チョ	져 チョ	조 チョ	죠 チョ	주 チュ	쥬 チュ	즈 チュ	지 チ
ㅊ チュ	차 チャ	챠 チャ	처 チョ	쳐 チョ	초 チョ	쵸 チョ	추 チュ	츄 チュ	츠 チュ	치 チ
ㅋ ク	카 カ	캬 キャ	커 コ	켜 キョ	코 コ	쿄 キョ	쿠 ク	큐 キュ	크 ク	키 キ
ㅌ トゥ	타 タ	탸 テャ	터 ト	텨 テョ	토 ト	툐 テョ	투 トゥ	튜 テュ	트 トゥ	티 ティ
ㅍ プ	파 パ	퍄 ピャ	퍼 ポ	펴 ピョ	포 ポ	표 ピョ	푸 プ	퓨 ピュ	프 プ	피 ピ
ㅎ フ	하 ハ	햐 ヒャ	허 ホ	혀 ヒョ	호 ホ	효 ヒョ	후 フ	휴 ヒュ	흐 フ	히 ヒ

これだけでいくつかの単語が作れるようになります
TU PÚ
두부 豆腐
トゥ ブ
KA CHÍ
가지 なす
カ ヂ
U YU
우유 牛乳
ウ ユ
牛乳 MILK
PA TÁ
바다 海
パ ダ
KO KÍ
고기 肉
コ ギ
KO PI
커피 コーヒー
コ ピ
O MO NI
어머니 母
オ モ ニ
NA MU
나무 木
ナ ム
A PÓ CHÍ
아버지 父
ア ボ ヂ
MO RI
머리 頭
モ リ
SA CHÁ
사자 ライオン
サ ヂャ
I YA KÍ
이야기 話
イ ヤ ギ
YO U
여우 きつね
ヨ ウ
NO KÚ RI
너구리 たぬき
ノ グ リ
SO
소 牛
ソ

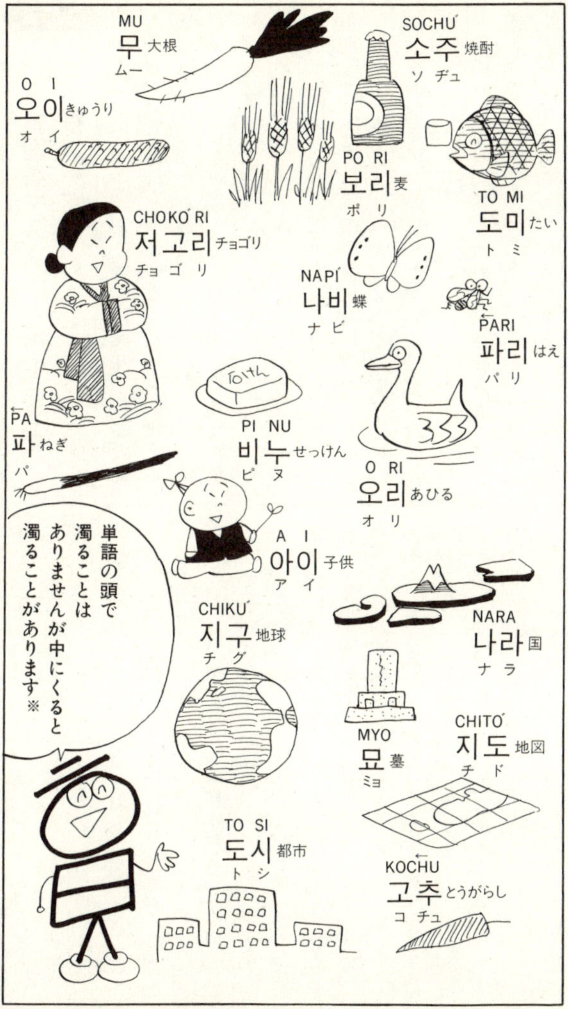
MU
무 大根
ムー
O I
오이 きゅうり
オ イ
SOCHU
소주 焼酎
ソ チュ
PO RI
보리 麦
ポ リ
TO MI
도미 たい
ト ミ
CHOKO RI
저고리 チョゴリ
チョ ゴ リ
NAPI
나비 蝶
ナ ビ
PARI
파리 はえ
パ リ
石けん
PA
파 ねぎ
パ
PI NU
비누 せっけん
ピ ヌ
O RI
오리 あひる
オ リ
単語の頭で
濁ることは
ありませんが中にくると
濁ることがあります※
A I
아이 子供
ア イ
CHIKU
지구 地球
チ グ
NARA
나라 国
ナ ラ
MYO
묘 墓
ミョ
CHITO
지도 地図
チ ド
TO SI
도시 都市
ト シ
KOCHU
고추 とうがらし
コ チュ

※平音(ㄱㄷㅂㅈ)は濁ることがあります。激音、濃音はつねに濁りません。

コラム

2 韓国語マスターを決心させた、崔洋一《チェヤンイル》監督

関川さんの本を読んで韓国に興味を持ったんだけど、それだけじゃなかなか言葉をおぼえる気にはならなかったんだ。それを「なんとしてもマスターしてやる」と決心させてくれたのが、映画監督の崔洋一さんだった。

といっても、そのきっかけは新宿のゴールデン街で彼に殴られたことなんだけどね。ぼくが差別したからというのが彼の言い分なんだけど。やっぱりゲンコツの威力はすごいよ。絶対に言葉をおぼえて言い返してやるって思ったもんね。

仲直りするために、それぞれ後見人として崔監督側からは唐十郎《からじゅうろう》さん、こっちは赤塚不二《あかつかふじ》夫《お》先生に出てもらって、手打ち式みたいなものまでしました。その後、韓国語をおぼえてから崔監督に会った時、「チェヤンイルシ、チョンマルオレガンマニムニダ（崔さん、おひさしぶりです）」って言ったら「おおーっ」ってびっくりしてました。ここまでぼくがやるとは思わなかったんじゃないかな。

それから、崔監督は『月はどっちに出ている』で映画賞を総なめにして、日本映画界のエースとも言われるようになりました（現在は日本映画監督協会理事長）。それで一部には「あれは高信太郎を殴って運がツイたんじゃないか」という噂が出たそうです。それを信じてるのか、どうもぼくをポカリとやって幸運を手に入れようとしている人がいるみたい。これを読んだみなさん、そんなことありませんので、どうか見かけても殴らないでね。

3章

あなたの名前を書いてみよう

それでは応用問題
自分の名前をハングルで書いてみよう
えっ
そんなことできるの？
表音文字だから音に合わせて子音と母音を組めばいいのさ
そうかローマ字で書くのといっしょね
まずたかはしからやってみよう
다
ㄷ(T)とㅏ(A)の組み合わせね
できた！これがたかはしだ※
ジャーン
TAKA HASI
다가하시
全国のタカハシさんおぼえてね

※다가하시だと「タガハシ」と読まれることもあります。다까하시なら絶対ＯＫ。

では今度はそれぞれの名前だ
はいはい
もうカンタンよね
できた
KI KU KO
기쿠고
YU I KO
유이고
きくことゆいこだ ※
よくできました
パチパチ パチ
バンザーイ
これでハングルを全部おぼえたのね
ところがまだ複合母音というのが11個あるんです
ドタ
パパのウソつき!
母音は10個って言ったじゃない
まままま

※기꾸꼬、유이꼬と書くのが正しいのですが、ここでは簡単に表記しました。

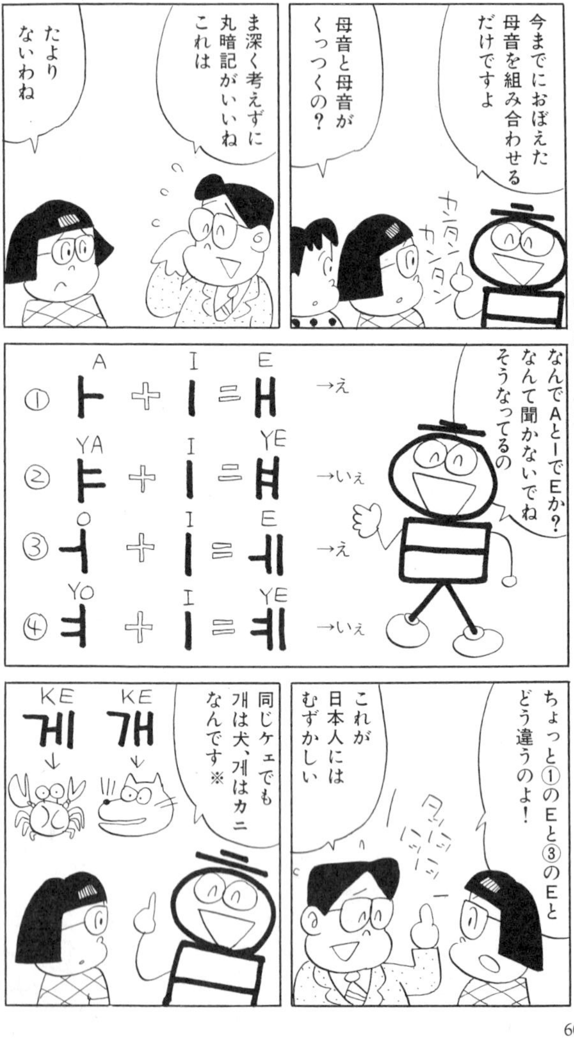
今までにおぼえた母音を組み合わせるだけですよ
カンタンカンタン
母音と母音がくっつくの？
ま深く考えずに丸暗記がいいねこれは
たよりないわね
なんでAとIでEか？なんて聞かないでねそうなってるの
① ㅏ A + ㅣ I = ㅐ E →え
② ㅑ YA + ㅣ I = ㅒ YE →いぇ
③ ㅓ O + ㅣ I = ㅔ E →え
④ ㅕ YO + ㅣ I = ㅖ YE →いぇ
ちょっと①のEと③のEとどう違うのよ！
これが日本人にはむずかしい
同じケェでも개は犬、게はカニなんです※
KE 개
KE 게

※最近は韓国でも若い人は区別しなくなっているそうです。気にしなくてもいいかもね。

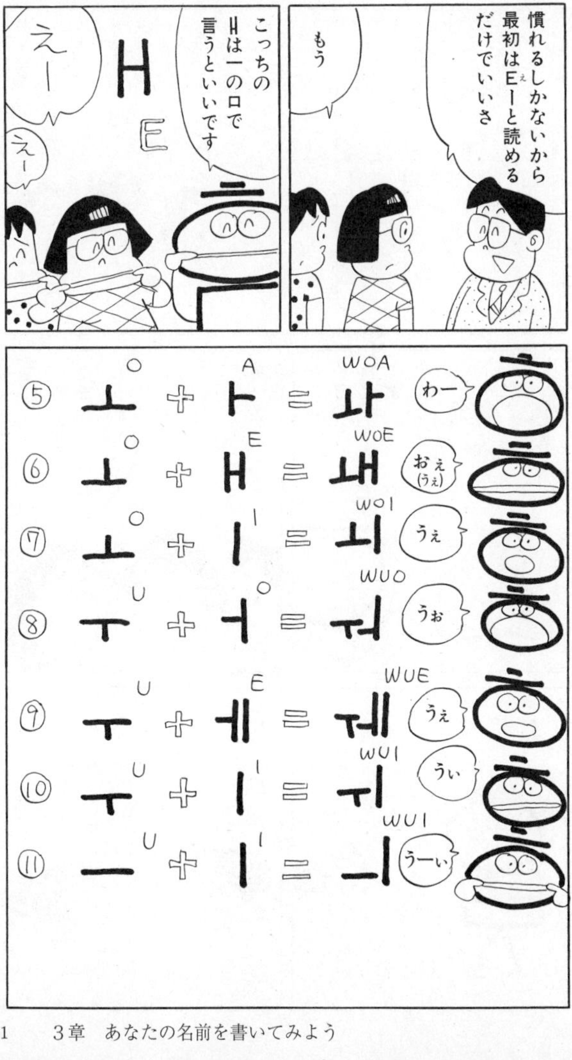
慣れるしかないから
最初はE《え》ーと読めるだけでいいさ
もう
こっちのㅐは一の口で言うといいです
H
E
えー
えー
⑤ ㅗ(O) + ㅏ(A) = 와(WOA)
わー
⑥ ㅗ(O) + ㅐ(E) = 왜(WOE)
おぇ(うぇ)
⑦ ㅗ(O) + ㅣ(I) = 외(WOI)
うぇ
⑧ ㅜ(U) + ㅓ(O) = 워(WUO)
うぉ
⑨ ㅜ(U) + ㅔ(E) = 웨(WUE)
うぇ
同じ音
⑩ ㅜ(U) + ㅣ(I) = 위(WUI)
うぃ
⑪ ㅡ(U) + ㅣ(I) = 의(WUI)
うーぃ

① え ㅐ ㅔ
② いぇ ㅒ ㅖ
③ わぁ ㅘ
④ うぃ ㅟ ㅢ
⑤ うぇ ㅚ ㅞ ㅙ (おぇ)
⑥ うぉ ㅝ
かんたんに こうおぼえれば いいさ
ア行と ヤ行に ワ行も 入るのね
これでやっと 子音と母音が 全部出たわけね
そうね
うーん
ところが 子音にも 複合があるんです
ドタ
どーも すいません
なによ これっきり これっきりって きりがないじゃないの！
すまん でもほんと これっきり
それでは モジャ君
はいはい でも その前に

コラム 3 「日本語と韓国語は親戚」と思えるワケ

日本人であるぼくから見て、韓国語ほど面白い言葉はないんですね。日本人というのは、スペイン人がイタリア語やポルトガル語を喋れるみたいに、韓国語の基礎を先天的に持っているんです。

これは面白いよ。さかのぼってゆくと日本語の起源まで考えてしまうくらいです。じつによく似ている。まァ同じアルタイ系の言語だから当たり前なのかもしれないけれど。

中国とあれだけ近い国で、（まァこれは日本も同じですけど）あれほどたくさんの影響を受けているくせに、言葉は全然違うというのが面白い。

その一つが、この本でも教えていますが、日本語と同じく韓国語には「てにをは」があることです。

たとえば、中国語では「私はあなたを愛してます」を「我愛你《ウォアイニー》」と書く。これってほとんど英語でしょう。我がIで愛がLOVE、你がYOUとぴったし。中国人が英語がうまいというのもなんとなくわかるよね。

中国人が日本人に必死で「私！愛！あなた！」と叫べば通じないことはないだろうけど、やはり日本語は「私は」か「私を」かによって全然、「あなた」との間の「愛」が違っちゃうからね。

これと同じことが韓国語にもあるんです。これは、この二つの民族がもともと同じ根っ子から来たからではないか、とぼくは思っておりますけど。

複合母音の入った単語ですってよー
KWUI
귀 耳
クィ
SE
새 鳥
セ
KE
게 かに
ケー
KE
개 犬
ケー
WUISA
의사 医者
ウィサ
NEKWOÁ
내과 内科
ネーグァ
KE MI
개미 あり
ケーミ
CHWUI
쥐 ねずみ
チュィ
TWOECHÍ
돼지 ぶた
トゥエヂ
WOE
왜 なぜ
ウェー
?
CHEMI
재미 面白み
チェ ミ
WUICHÁ
의자 いす
ウィーヂャ
E
애 子供
エ
CHEPÍ
제비 つばめ
チェービ
SWUITÁ
쉬다 休む
スィダ

TE YA
대야 たらい
テ ヤ
HWOIHWOA
회화 絵画
フェ ファ
CHWOAU
좌우 左右
チョアウ
KAWUI
가위 はさみ
カ ウィ
KWOESA
괘사 道化
クェーサ
WOITU
외투 オーバー
ウェ トゥ
PAWUI
바위 岩
パ ウィ
NWOI
뇌 脳
ヌェ
WUICHI
위치 位置
ウィ チ
だんだん発音がむずかしくなるわねー
KWOACHA
과자 菓子
クァ チャ
TEPE
대패 かんな
テー ペ
HWOISA
회사 会社
フェ サ
会社
KWUE
궤 櫃
クェー
SAKWOA
사과 りんご
サーグァ
PE
배 なし
ペー

ハングルは1音節を1文字で書きますがつくり方は2通りあるんです
合体の仕方ね
ひとつめが子音＋母音ですねはいこれは？
K＋I
기
きぃ
そしてもうひとつが子＋母＋子こんな字がそう
初声
中声
김
終声
子 母
子
김 海苔
김 金（人名）
3つが合体するのね
分解するとKとIとMだから一度に発音すると
김
↓
KIM
キム！
そう！でもキ・ムではなく一度にキムというのが正しい
キム！

この終声の子音のことをパッチムといいます
ささえるという意味だよ
く、くるしい
ほんとにささえている
김
← PATCHIM
받침（パッチム）
今までおぼえた子音のうちㄸㅃㅉ以外は全部パッチムになります
どんなのがあったかな？
えーとえーと
ㄱ ㄴ ㄷ ㅁ ㅂ
ㄹ
そう！これだけある
K N T R M P S NG CH
ㄱㄴㄷㄹㅁㅂㅅㅇㅈ
CH K T P H K S
ㅊㅋㅌㅍㅎㄲㅆ

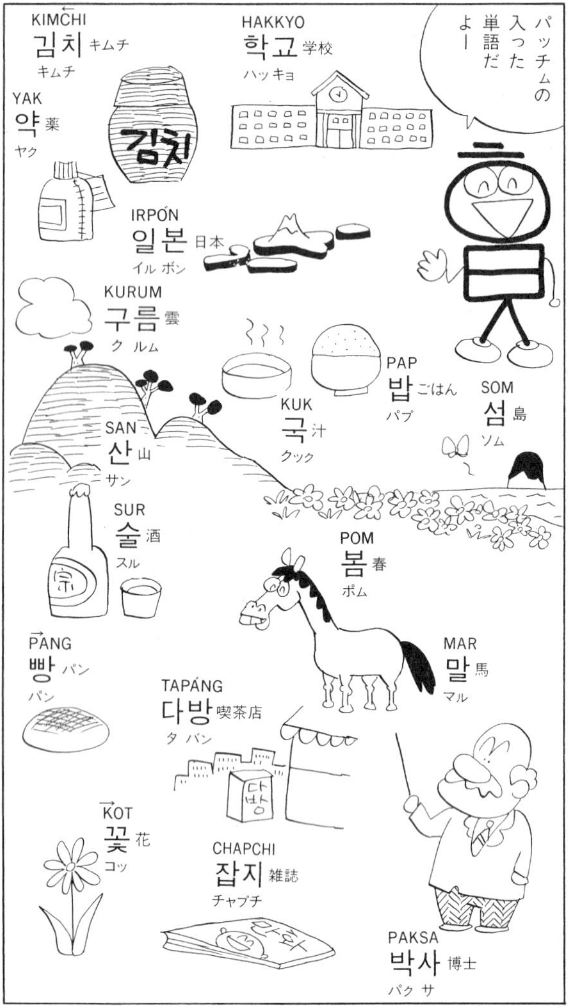

パッチムの入った単語だよー
KIMCHI
김치 キムチ
キムチ
김치
HAKKYO
학교 学校
ハッキョ
YAK
약 薬
ヤク
IRPON
일본 日本
イル ボン
KURUM
구름 雲
ク ルム
PAP
밥 ごはん
パプ
SOM
섬 島
ソム
KUK
국 汁
クック
SAN
산 山
サン
SUR
술 酒
スル
POM
봄 春
ポム
PANG
빵 パン
パン
MAR
말 馬
マル
TAPANG
다방 喫茶店
タ バン
다방
KOT
꽃 花
コッ
CHAPCHI
잡지 雑誌
チャプチ
PAKSA
박사 博士
パク サ

WUORYOIR
월요일 月曜日
ウォリョ イル
16
(月)
TEKWUÓNTÓ
태권도 跆拳道
テグォンド
KYOWUON
교원 教員
キョ ウォン
TOSOKWOÁN
도서관 図書館
トソグァン
NAKCHE
낙제 落第
ナクチェ
HAKSENG
학생 学生
ハクセン
WOIKÚKÓ
외국어 外国語
ウェーグゴ
TEYANG
태양 太陽
テヤン
KONGWUON
공원 公園
コンウォン
PEKHWOACHÓM
백화점 デパート
ペッカ チョム
こっちは複合母音もあるよ
WUONSISITÉ
원시시대 原始時代
ウォンシ シ デ
CHONHWOA
전화 電話
チョナ
HWOAKSONGKÍ
확성기 拡声器
ファクソン ギ
ANKÉ
안개 霧
アン ゲ
WOANG
왕 王
ワン

パッチムになると子音の発音はこうなります
① ㄱㅋㄲ→K
② ㄴ→N
③ ㄷㅅㅈㅊㅌㅆㅎ→T
④ ㄹ→R
⑤ ㅁ→M
⑥ ㅂㅍ→P
⑦ ㅇ→NG
Tになるのが多いのね
そういうこと
これはパッチムのときだけ発音するのね
で、複合子音というのはパッチムだけに使う子音のことです
トゥルパッチムともいう※
あーもう…
クラクラ
ママ

※より正確にはトゥルバッチム。

複合子音（パッチムだけに使う）

① ㄱㅅ（キヨㇰシオッ） KS

② ㄴㅈ（ニウンチウッ） NCH

③ ㄴㅎ（ニウンヒウッ） NH

④ ㄹㄱ（リウㇽキヨㇰ） RK

⑤ ㄹㅁ（リウㇽミウㇺ） RM

⑥ ㄹㅂ（リウㇽピウㇷ゚） RP

⑦ ㄹㅅ（リウㇽシオッ） RS

⑧ ㄹㅌ（リウㇽティウッ） RT

⑨ ㄹㅍ（リウㇽピウㇷ゚） RP

⑩ ㄹㅎ（リウㇽヒウッ） RH

⑪ ㅂㅅ（ピウㇷ゚シオッ） PS

でも今までに出たものを2つ並べただけだからカンタンですよ

それでは複合パッチムの例です
2つあるパッチムの一方だけを読むんだ
AN TA 앉다 座る《アンタ》
MAN TA 많다 多い《マンタ》
IK TA 읽다 読む《イクタ》
CHOM TA 젊다 若い《チョームタ》
NOR TA 넓다 広い《ノルタ》
PAP TA 밟다 踏む《パプタ》
TOR 돐 周年《トル》
HAR TA 핥다 なめる《ハルタ》
UP TA 읊다 詠じる《ウプタ》
SIR TA 싫다 きらい《シルタ》
OP TA 없다 ない《オプタ》
右だったり左だったりでわからないじゃないのよ
この図だと太い方の字ね

なによ！ちっともやさしくないじゃない
そうむずかしく考えなくていいよ
複合の子音はそんなに出てこないからそのつどおぼえればいいです
あー目がくらくらしちゃうわよ
それをハングル酔いという！
え
韓国へ行った日本人が起こすめまいのことさ
한국
약
다방
김치
만화
クラクラ
わー○と□と△ばかりだ！
このハングル酔いというのを言いだしたのが作家の関川夏央さんです
パパが韓国に興味を持ったのはこの人のせいでもあったんだ
ふーん

さあこれでハングルが全部頭に入ったわけですが
わかった？
わかんないよ
それでは今までの復習をかねてまとめてみましょう
はいはい
お願いします
ハングルには子音＋母音の文字と子音＋母音＋子音の2種類があるけどその組み合わせは6通りになるんだ
子音＋母音
子音＋母音＋子音
そんなにあるの？

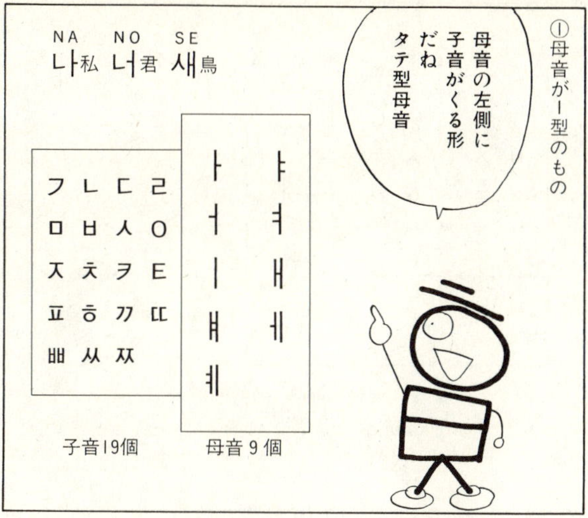
①母音がㅣ型のもの
母音の左側に子音がくる形だね
タテ型母音
NA 나私 NO 너君 SE 새鳥
ㄱ ㄴ ㄷ ㄹ
ㅁ ㅂ ㅅ ㅇ
ㅈ ㅊ ㅋ ㅌ
ㅍ ㅎ ㄲ ㄸ
ㅃ ㅆ ㅉ
ㅏ ㅑ
ㅓ ㅕ
ㅣ ㅐ
ㅒ ㅔ
ㅖ
子音19個
母音9個

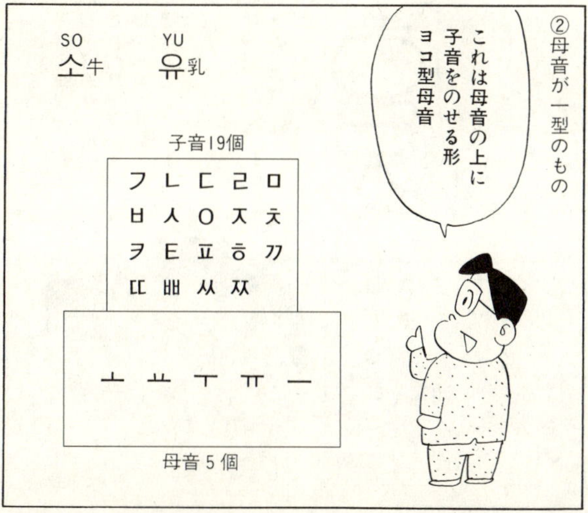
②母音がㅡ型のもの
これは母音の上に子音をのせる形
ヨコ型母音
SO 소牛 YU 유乳
子音19個
ㄱ ㄴ ㄷ ㄹ ㅁ
ㅂ ㅅ ㅇ ㅈ ㅊ
ㅋ ㅌ ㅍ ㅎ ㄲ
ㄸ ㅃ ㅆ ㅉ
ㅗ ㅛ ㅜ ㅠ ㅡ
母音5個

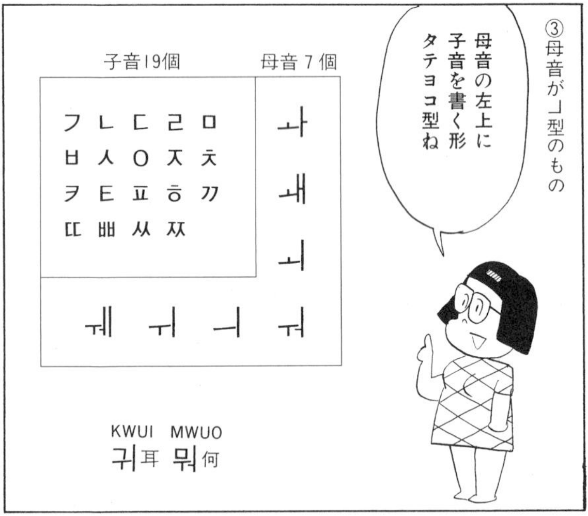

③母音が」型のもの
母音の左上に子音を書く形タテヨコ型ね
母音７個
子音19個
ㄱ ㄴ ㄷ ㄹ ㅁ
ㅂ ㅅ ㅇ ㅈ ㅊ
ㅋ ㅌ ㅍ ㅎ ㄲ
ㄸ ㅃ ㅆ ㅉ
ㅘ ㅙ ㅚ ㅝ
ㅞ ㅟ ㅢ
KWUI 귀 耳
MWUO 뭐 何

以上の3つは子音＋母音の組み合わせだがこれだけでなんと399のハングルが書けることになるんだ
まァそんなに
それではこれに27の子音(パッチム)を足してみましょう
ㄱ ㄴ ㄷ ㄹ ㅁ ㅂ
ㅅ ㅇ ㅈ ㅊ ㅋ ㅌ
ㅍ ㅎ ㄲ ㅆ ㄳ ㄵ
ㄶ ㄺ ㄻ ㄼ ㄽ ㄾ
ㄿ ㅀ ㅄ
27個

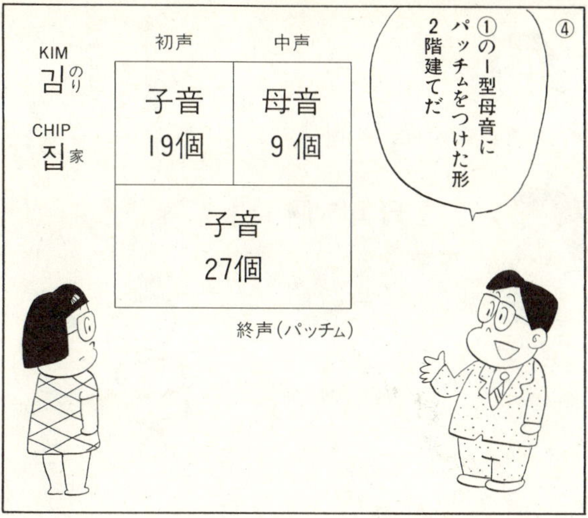
④
①のㅣ型母音に
パッチムをつけた形
2階建てだ
初声
中声
子音
19個
母音
9個
子音
27個
終声（パッチム）
KIM
김 のり
CHIP
집 家

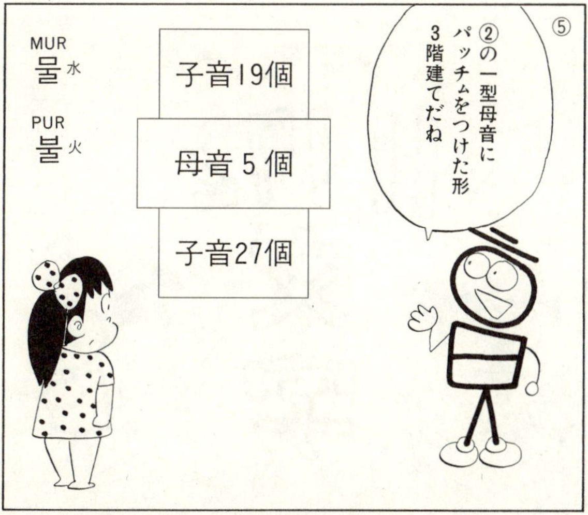
⑤
②の一型母音に
パッチムをつけた形
3階建てだね
子音19個
母音 5 個
子音27個
MUR
물 水
PUR
불 火

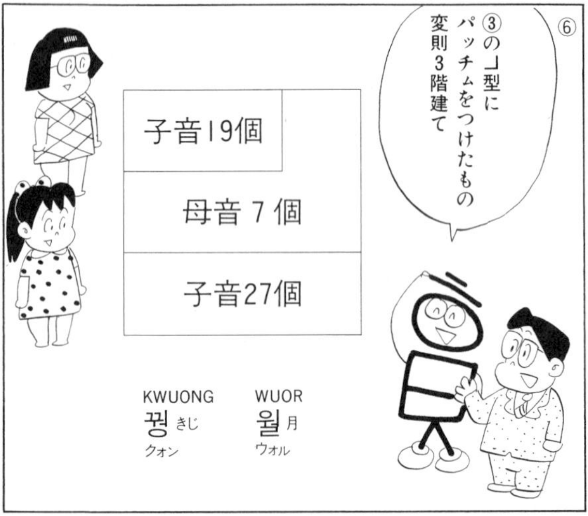
⑥
③の」型にパッチムをつけたもの変則3階建て
子音19個
母音７個
子音27個
KWUONG
꿩 きじ
クォン
WUOR
월 月
ウォル

④⑤⑥の文字の合計は10、773字だから①から⑥までを足すとなんと!
ジャーン
11,172文字
ということになる
まさにハン(偉大なる)グル(文字)なのね

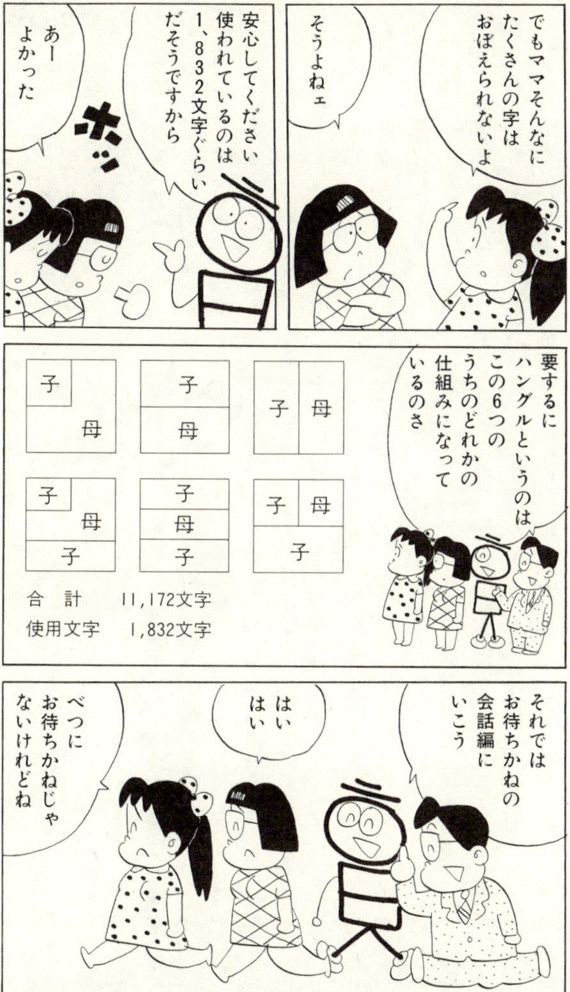
でもママそんなにたくさんの字はおぼえられないよ
そうよねェ
安心してください使われているのは1、832文字ぐらいだそうですから
ホッ
あーよかった
要するにハングルというのはこの6つのうちのどれかの仕組みになっているのさ
子 母
子 母
子 母
子 母 子
子 母 子
子 母 子
合 計 11,172文字
使用文字 1,832文字
それではお待ちかねの会話編にいこう
はいはい
べつにお待ちかねじゃないけれどね

コラム

4 ソウルの街はなぜハングルだらけ？

ソウルの看板はハングルばかり。なぜそうなったかを考えてみると、ま、自国の文字だから当然といえば当然なんですが、ぼくはこれには歴史が関係してると思うんです。

「日帝三十六年」というのがあったでしょう。三十六年間日本があの半島を支配して、その字と言葉を禁じました。名前まで日本ふうにさせたくらいだから、ひどい話だ。だから日本が戦争に負けて解放されたとき、その反動があったんじゃないかと思うんだ。

韓国にはハングル世代という言葉があって、解放後に生まれた人たちはハングルだけの教育を受けたんです。漢字を習わなかった。それでハングル世代の人たちは、漢字が読めないといいうか、まァ苦手です。

で、漢字を排除した理由だけど、三十六年間押しつけられた日本語の中に漢字がたくさんあったから、漢字＝日本、となっちゃったんじゃないか、と思うわけ。その日本アレルギーが、漢字排除政策になったと。

ところが、やってみるとそれがちょっと苦しいわけ。ハングルは表音文字で音だけ表わすから、漢字を使わないと同音異義語がいっぱい出てきちゃう。日本語だってカナばかりだと、気が合ったのか木が在ったのか、橋なのか箸なのか、校門か肛門か、成功か性交かとかわからないでしょう。

それで韓国も一九七二年から漢字を千八百字に制限して中学から教えることにしたんです。だからいまは新聞なんかは併用してます。でもやっぱりハングルのほうが多いけどね。

4章

あいさつしてみよう

字を見て音が出るようになりましたね
だからあとは言いたいことをハングルを見ておぼえていけばいいのさ
耳より目から入るほうが近道なのね
まずはあいさつから
これは丸暗記がいいね
A NYO HA SE YO
안녕하세요?
N NG
えーとあれがAでNでまたNでYOで
ローマ字をフリガナのように思い浮かべればいいです
ANNYONGHASEYO
안녕하세요?
なるほどね えーと アンニョンハセヨか

そうやっているうちに自然にハングルだけで音が出るようになります
AN NYONG HA SE YO
안녕 하세요?
アン ニョン ハ セ ヨ
アンニョンハセヨ これは知ってるわ「こんにちは」でしょ
では何で「こんにちは」なのか知ってる?
知らない
じつはこのアンニョンは漢字のハングル書きなんです
안녕
↓
安寧
日本だとアンネイね
日本以上に中国の影響をうけているから漢字語が多いんだ
安寧
ママ安寧ってどういうこと?
ウーン「すこやかに」かしら?

英語で言えばビー・ピースてとこかなそれの疑問文だから「安寧してますか?」ということになります
安寧《안녕》하세요?
ハセヨが「してますか?」なの
そう原型がハダ(하다)という動詞で日本語の「する」と同じだ
HA TA
하다
(する)
↓
하세요?
(してる?)
英語のDOみたいね
そうまさにDOだ
하다
=
DO!
これは便利ですよー
漢字語と하다で何でも言えるようにするのがこの本の特徴です
漢字＋하다
(〇〇する)
フーン
それはあとのお楽しみね

そういうわけで
アンニョンハセヨは
「こんにちは」だけど
これは朝でも夜でも
使えるんだ
안녕하세요?
안녕하세요?
ヘェー
便利ね
「おはよう」も
「こんばんは」も
かねてるわけか
そのすこし
かしこまった
言い方がこれ
です
ANNYONGHASIMNIKA
안녕하십니까?
アンニョン
ハシプニカ?
ハシムニカでしょう?
ハシムニカが
正しい
でもㅂは
Pでしょ
あとにNがくると
前のPはMと
発音するんです
ㄴ N
ㅂ P ↓ M
どうしてよ!

Pだと発音しにくいからだろ言ってごらん
アンニョンハシプニカ言えるよ!
とにかくそうなってるのこれも丸暗記だ
はいはいアンニョンハシムニカね
次はこれ「こんにちは」ときたら「さようなら」です
ANNYONGHI
안녕히
KA SE YO
가세요
KYE SE YO
계세요
アンニョンヒカセヨとケセヨね
なんで2つなの
じつは韓国語にはさよならが2通りあるんです
なんでよ
つまり帰る人と居る人で言い方が違うのさ
さよならの?

アンニョンは何だっけ?
안녕
↓
安寧
安寧でしょ
カセヨは行ってください
가세요
行ってください
계세요
居てください
ケセヨは居てくださいね
だから居る人は帰る人に
ANNYONGHI KASEYO
안녕히 가세요.
アンニョンヒ　カセヨ
そして帰る人は居る人に
ANNYONGHI KYESEYO
안녕히 계세요.
アンニョンヒ　ケセヨ
というわけね
では2人とも居る人だったら
どういうこと?
電話のときだよ
そうかどちらも家だものね

そういうときは両方とも居てください
ANNYONGHI
안녕히
KYE SE YO
계세요.
アンニョンヒ ケセヨ
ね
反対に道で会った人と別れるときは両方とも行く人だから
ANNYONGHI
안녕히
KA SE YO
가세요.
アンニョンヒ カセヨ
となるのね
ついでだからおぼえておこう電話でも街で会ったときも呼びかける言葉はヨボセヨ
YOPOSEYO
여보세요.
ヨ ボ セ ヨ
もしもしね
それではあいさつの言葉を続けましょうこれは?
KAMSAHAMNITA
감사합니다.
カムサハムニダ
カムサハムニダね
ありがとうでしょ?

失礼します
SIRRYE HAMNITA
실례합니다.
シルレ　ハムニダ
シルレハムニダね？
声に出して言ってね
おねがいします
PUTAKHAMNITA
부탁합니다.
プタックハムニダ
カ
おねがいします
プタッカムニダね
すいません
MIANHAMNITA
미안합니다.
ミアンハムニダ
ナ
ミアナムニダ
大変なんすから

これらはみんな安寧と同じく漢字のハングル書きなんです
안녕(安寧)하다
감사(感謝)하다
실례(失礼)하다
부탁(付託)하다
미안(未安)하다
中国の影響だね
へぇ
日本と同じね
そうなの
感謝しますだからありがとうだよ
感謝
それはわかるけど
カムサ
失礼もそのまま日本と同じ
失礼
なるほど
シルレ

付託は託すことだから
お願いしますだ
付託
ヘェ
プタック
未安は未だ心が
安らかでないの
だから
すいませんと
なる
聞いたこと
ないよ
まぁまぁ
日本にない使い方も
あるけど発音が
原則的に一字一音だから
漢字を通してハングルを
おぼえるとらくですよ
한자 HAN CHA
漢字《ハンチャ》
そういうこと
なるほど
漢字に強い
日本人向き
学習法ね
私は
漢字に弱いよ
まま
それはあとの
お楽しみとして
とりあえず
最低限の文法を
やっておこう
えーっ
いやよ!
文法なんて!

大丈夫ですよ
文法というのは
語順のことですから
文法＝語順
どうして
それが大丈夫
なのよ
じつは
日本語と韓国語は
ほとんど同じなんだ
えーっ
ウッソーッ
本当さ同じ
アルタイ系の
言葉で「てにをは」の
助詞もある
て로に에
을を를は는은
だから日本語を
そのままハングルに
置き換えれば
いいんです

ではまず「です」からいきましょう
IMNITA
입니다
イムニダ
(です)
韓国語のイムニダが日本語の「です」になるわけ
だから前に言葉をもってくれば「○○です」という文章になるわけこれは?
HAKSENG IMNITA
학생 입니다.
ハクセンイムニダになるわけ
ということは「ハクセンです」ってこと?
そう! そしてそのハクセンは漢字で書くとこうなる
(学生) です
학생 입니다.
ハクセン イムニダ
学生という字をハクセンと発音するわけね

そうそしてこの学は학とだけ発音するんです
学＝학
HAK
日本のようにガクだったりマナブだったりはしないわけね
だからひとつ漢字をおぼえると次々と広がっていくわけ
ほかに学のつく言葉は？
いっぱいあるわよ
こんなぐあいだね
入学(입학) IPHAK(イパク)
留学(유학) YUHAK(ユハク)
大学(대학) TEHAK(テハク)
語学(어학) OHAK(オハク)
中学(중학) CHUNGHAK(チュンハク)
文学(문학) MUNHAK(ムナク)

学生(학생) HAKSENG(ハクセン)
学者(학자) HAKCHA(ハクチャ)
学年(학년) HAKNYON(ハンニョン)
学問(학문) HAKMUN(ハンムン)
学校(학교) HAKKYO(ハッキョ)
学部(학부) HAKPU'(ハクプ)

ひとつ違う字を足すだけで別の言葉をおぼえられるのね

IM NI TA
입니다
ちょっと脱線したけどイムニダは「です」とおぼえる
HARAPOCHI IMNITA
할아버지 입니다.
ハラ ボ チ イム ニ ダ
おじいさんです
HARMONI IMNITA
할머니 입니다.
ハル モ ニ イム ニ ダ
おばあさんです
APOCHI IMNITA
아버지 입니다.
ア ボ チ イム ニ ダ
おとうさんです
OMONI IMNITA
어머니 입니다.
オ モ ニ イム ニ ダ
おかあさんです
HYONG IMNITA
형 입니다.
ヒョン イム ニ ダ
兄さんです

TONGSENG IMNITA´
동생 입니다.
トンセン イムニダ
弟です
ONNI IMNITA´
언니 입니다.
オンニ イムニダ
姉さんです
AKI´ IMNITA´
아기 입니다.
アギ イムニダ
赤ちゃんです
YOTO´NGSENG IMNITA´
여동생 입니다.
ヨドンセン イムニダ
妹です
ACHU´MONI IMNITA´
아주머니 입니다.
アヂュモニ イムニダ
おばさんです
ACHO´SI IMNITA´
아저씨 입니다.
アヂョシ イムニダ
おじさんです

イムニダが「です」ではこれは？
IM NI KA
입니까?
イムニカ?ね
「ですか?」かな
当たり！イムニカはイムニダの疑問形だから「ですか?」だ
HAKSENG IMNIKA
학생 입니까?
ハクセン イム ニ カ
ハクセンイムニカ?
学生ですか?
で学生ならこういう
NE
네
ネー
ネーね
ネーは「はい」英語のYESだ
네 = YES
じゃNOは?

これです
A NYO
아뇨
アーニョ
‖
NO
アーニョ?
でその元がこれ
ANIMNITA
아닙니다
アニムニダは「ではありません」です
だからこうなる
학생 입니까?
学生ですか?
아뇨! いいえ!
학생 아닙니다.
学生ではありません。
アニムニダが「ではありません」それではこれは?
ANIMNIKA?
아닙니까?
アニムニカ?
わかった「ではありませんか?」だ

そう 否定形の疑問文ですね 同じことを聞くのにも
と
학생《ハク セン》 입니까《イム ニ カ》?
学生ですか？
학생《ハク セン》 아닙니까《ア ニム ニ カ》?
学生ではありませんか？
の2つがあるのね
で答え方は日本といっしょ 英語のようにこんがらがることはない
학생 아닙니까?
学生ではありませんか？
네. 학생 아닙니다.
はい、学生ではありません。
ここでまとめるとこうなる
입니다 ⟷ 아닙니다
です (では)ありません
입니까? ⟷ 아닙니까?
ですか? (では)ありませんか?
네 ⟷ 아뇨
はい いいえ
例を見てみましょう

SO IMNITA
소《ソ》 입니다《イムニダ》.
牛です
SO IMNIKA
소《ソ》 입니까《イムニカ》?
NE
네《ネー》.
牛ですか？
はい
SO ANIMNITA
소《ソ》 아닙니다《アニムニダ》.
牛ではありません
SO ANIMNIKA
소《ソ》 아닙니까《アニムニカ》?
NE
네《ネー》.
牛ではありませんか？
はい
MAR IMNIKA
말《マル》 입니까《イムニカ》?
ANYO
아뇨《アーニョ》.
馬ですか？
いいえ
MAR ANIMNIKA
말《マル》 아닙니까《アニムニカ》?
ANYO
아뇨《アーニョ》.
馬ではありませんか？
いいえ

いろいろ練習してみましょう
TWOECHI
돼지《トゥェヂ》
ぶた
KE
개《ケー》
いぬ
KOYANGI
고양이《コ ヤン イ》
ねこ
TAK
닭《タク》
にわとり
O RI
오리《オ リ》
あひる
TO KI
토끼《トッ キ》
うさぎ
YANG
양《ヤン》
ひつじ
NOKURI
너구리《ノ グ リ》
たぬき
ぞう
KO KI RI
코끼리《コッ キ リ》
KOM
곰《コム》
くま
KE KU RI
개구리《ケ グ リ》
かえる

1	2	3	4	5
IR	I	SAM	SA	O
일	이	삼	사	오
イル	イー	サム	サー	オー

6	7	8	9	10	11
YUK	CHIR	PAR	KU	SIP	SPIŔ
육	칠	팔	구	십	십일
ユク	チル	パル	クー	シプ	シビル

12	13	14	15	16	17	18	19
SIPÍ	SIPSAM	SIPSA	SIPÓ	SIPYUK	SIPCHIR	SIPPAR	SIPKU
십이	십삼	십사	십오	십육	십칠	십팔	십구
シビー	シプサム	シプサー	シポー	シムニュック	シプチル	シプパル	シプクー

20	30	40	50	60	70	80	90
ISIP	SAMSIP	SASIP	OSIP	YUKSIP	CHIRSIP	PARSIP	KUSIP
이십	삼십	사십	오십	육십	칠십	팔십	구십
イーシプ	サムシプ	サーシプ	オーシプ	ユクシプ	チルシプ	パルシプ	クーシプ

100	200	300	500	1,000	2,000	3,000
PEK	IPEḰ	SAMPEK	OPEḰ	CHON	ICHON	SAMCHON
백	이백	삼백	오백	천	이천	삼천
ペク	イーペク	サムペク	オーペク	チョン	イーチョン	サムチョン

10,000	10万	100万	1億	1兆
MAN	SIPMAN	PEKMAN	IROK	IRCHO
만	십만	백만	일억	일조
マン	シムマン	ペンマン	イルオク	イルチョ

1月	2月	3月
IRWUOR	IWUOR	SAMWUOR
일월	이월	삼월
イルォル	イーウォル	サムォル

4月	5月	6月	7月
SAWUOR	OWUOR	YUWUOR	C⃖HIRWUOR
사월	오월	유월	칠월
サーウォル	オーウォル	ユウォル	チルォル

8月	9月	10月	11月	12月
P⃖ARWUOR	KUWUOR	SIWUOR	SIPÍRWUOR	SIPÍWUOR
팔월	구월	시월	십일월	십이월
パルォル	クーウォル	シーウォル	シビルォル	シビーウォル

1日	2日	3日	4日	5日	6日
IRIR	IIR	SAMIR	SAIR	OIR	YUKÍR
일일	이일	삼일	사일	오일	육일
イリル	イーイル	サミル	サーイル	オーイル	ユギル

7日	8日	9日	10日	11日	12日
C⃖HIRIR	P⃖ARIR	KUIR	SIPÍR	SIPÍRIR	SIPÍIR
칠일	팔일	구일	십일	십일일	십이일
チリル	パリル	クーイル	シビル	シビリル	シビーイル

20日	21日	22日	30日	31日
ISIPÍR	ISIPÍRIR	ISIPÍIR	SAMSIPÍR	SAMSIPÍRIR
이십일	이십일일	이십이일	삼십일	삼십일일
イーシビル	イーシビリル	イーシビーイル	サムシビル	サムシビリル

1年	2年	5年	10年
IRNYON	INYON	ONYON	SIPNYON
일년	이년	오년	십년
イルリョン	イーニョン	オーニョン	シムニョン

1分	2分	5分	30分	50分
IRPUN	IPÚN	OPÚN	SAMSIPPUN	OSIPPUN
일분	이분	오분	삼십분	오십분
イルプン	イーブン	オーブン	サムシップン	オーシップン

1時	2時	3時	4時	5時	6時
HANSI	TUSI	SESI	NESI	TASOSSI	YOSOSSI
한시	두시	세시	네시	다섯시	여섯시
ハンシ	トゥシ	セーシ	ネーシ	タソッシ	ヨソッシ

7時	8時	9時	10時	11時	12時
IRKÓPSI	YOTÓRSI	AHOPSI	YORSI	YORHANSI	YORTUSI
일곱시	여덟시	아홉시	열시	열한시	열두시
イルゴプシ	ヨドルシ	アホプシ	ヨルシ	ヨランシ	ヨルトゥシ

1時間	2時間	3時間	4時間	5時間
HANSIKÁN	TUSIKÁN	SESIKÁN	NESIKÁN	TASOSSIKÁN
한시간	두시간	세시간	네시간	다섯시간
ハンシガン	トゥシガン	セーシガン	ネーシガン	タソッシガン

昨日	今日	明日
OCHÉ	ONUR	NEIR
어제	오늘	내일
オチェ	オヌル	ネイル

月曜日
WUORYOIR
월요일
ウォリョイル

火曜日
HWOAYOIR
화요일
ファヨイル

これも時ね

水曜日
SUYOIR
수요일
スヨイル

木曜日
MOKYOIR
목요일
モギョイル

金曜日
KUMYOIR
금요일
クミョイル

土曜日
TOYOIR
토요일
トヨイル

日曜日
IRYOIR
일요일
イリョイル

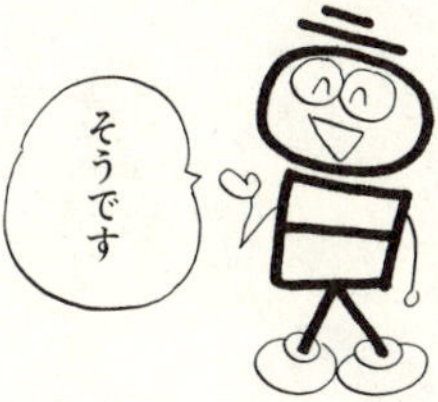
そうです

春
POM
봄
ポム

夏
YORUM
여름
ヨルム

秋
KAUR
가을
カウル

冬
KYOUR
겨울
キョウル

1個
HANKE
한개
ハンゲ

2個
TUKE
두개
トゥゲ

3個
SEKE
세개
セーゲ

4個
NEKE
네개
ネーゲ

それは数え方

1人
HANSARAM
한사람
ハンサラム

2人
TUSARAM
두사람
トゥサラム

3人
SESARAM
세사람
セーサラム

4人
NESARAM
네사람
ネーサラム

これはお金ね

10ウォン	100ウォン	1,000ウォン
SIPWUON	PEKWUON	CHONWUON
십원	백원	천원
シプウォン	ペクウォン	チョンウォン

10,000ウォン	25,674ウォン
MANWUON	IMANOCHONYUKPEKCHIRSIPSAWUON
만원	이만오천육백칠십사원
マンウォン	イーマンオーチョンユクペクチルシプサーウォン

これはルームナンバーね

1号室	2号室	3号室
IRHOSIR	IHOSIR	SAMHOSIR
일호실	이호실	삼호실
イルホシル	イーホシル	サムホシル

105号室	704号室	901号室
PEKOHOSIR	CHIRPEKSAHOSIR	KUPEKIRHOSIR
백오호실	칠백사호실	구백일호실
ペクオーホシル	チルペクサーホシル	クーペクイルホシル

これは固有語の数です

1つ	2つ	3つ	4つ	5つ
HANA	TUR	SE	NE	TASOS
하나	둘	셋	넷	다섯
ハナ	トゥル	セー	ネー	タソッ

6つ	7つ	8つ	9つ	10
YOSOS	IRKOP	YOTOR	AHOP	YOR
여섯	일곱	여덟	아홉	열
ヨソッ	イルゴプ	ヨドル	アホプ	ヨル

何度も言うけど韓国語は日本語に似てるからいろんなものがくっつけられる
どういうこと？
たとえばこれ
NANUN
나는
私 は
ナヌンね ※
こうすると自己紹介ができます
나는 고신다로 입니다. 私は高信太郎です
나는 기구고 입니다. 私はきくこです
나는 유이고 입니다. 私はゆいこです
ほんとだ
でこの는(は)にあ・そ・こをつけると物が指させるんです
なによあそこっ
遠いものをあの中くらいをその近いものをこのと言うでしょう
あの
その
この

※目上の人に対しては저는(チョヌン)を使うのがいいでしょう。

それがこの3つなんです
CHO チョ 저 あの
KU ク 그 その
I イ 이 この
チョ・ク・イ
チョ・ク・イ
あ・そ・こは チョ・ク・イと おぼえよう
でこれに것(コッ)という「もの」の意味をつけるとこうなる
저+것=あれ
그+것=それ
이+것=これ
チョゴ・クゴ・イゴね
だから「あれは」というと
CHO KO'S NUN
저것+는
チョゴ ヌン
あれ は
?
かしら?
違います このときは는(ヌン)でなく은(ウン)がくるんです
は 는 NUN 은 UN
なんでよ?
それは前に子音があるからさ
NA NUN
나는 私は
CHO KO'SUN
저것은 あれは
パッチム
パッチムのときは은(ウン)とおぼえよう

だからこうなる
CHOKŎSUN CHIPI'MNITA'
저것은 집입니다.
チョ ゴスン チビム ニダ
あれは家です
CHIP
집（家）
チブ
近くなると
KUKŎSUN CHIPI'MNITA'
그것은 집입니다.
ク ゴスン チビム ニダ
それは家です
すぐそばにくると
IKŎSUN CHIPI'MNITA'
이것은 집입니다.
イ ゴスン チビム ニダ
これは家です
犬の

これも練習してみましょう
CHOKÓSUN CHEPÍ IMNITÁ
저것은 제비입니다.
チョ ゴスン チェ ビ イム ニ ダ
あれはつばめです
近くなると
KUKÓSUN CHAMSEIMNITÁ
그것은 참새입니다.
ク ゴスン チャムセ イム ニ ダ
それはすずめです
すぐそばにくると
IKÓSUN PITÚRKI IMNITÁ
이것은 비둘기입니다.
イ ゴスン ピドゥルギ イム ニ ダ
これははとです

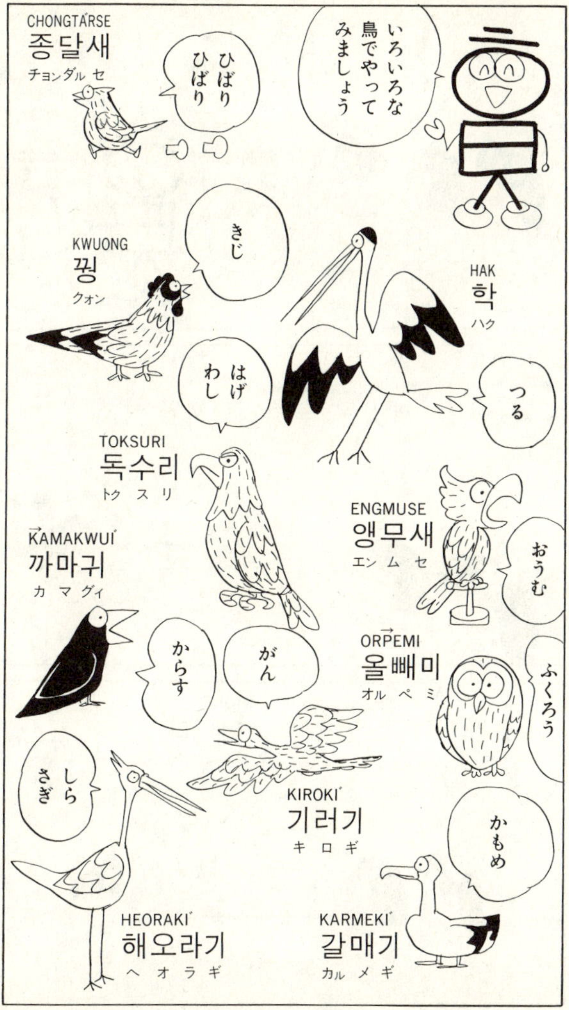

いろいろな鳥でやってみましょう
CHONGTARSE
종달새
チョンダル セ
ひばりひばり
KWUONG
꿩
クォン
きじ
HAK
학
ハク
つる
はげわし
TOKSURI
독수리
トク ス リ
ENGMUSE
앵무새
エン ム セ
おうむ
KAMAKWUI
까마귀
カ マ グィ
からす
がん
ORPEMI
올빼미
オル ペ ミ
ふくろう
KIROKI
기러기
キ ロ ギ
しらさぎ
かもめ
HEORAKI
해오라기
ヘ オ ラ ギ
KARMEKI
갈매기
カル メ ギ

「何」という言葉を使うとそれこそ何でも聞くことができます
MUOS ムオッ
무엇＝何
英語のwhatですね
ムオッと聞きたいなんちゃって
ダジャレはやめなさい
あれは何ですか？
CHOKOSUN MUOSIMNIKA
저것은 무엇입니까?
チョ ゴスン ム オシム ニ カ
チョゴスンムオシムニカ？
それは山です
KUKOSUN SANIMNITA
그것은 산입니다.
ク ゴスン サニム ニ ダ
クゴスンサニムニダ
산(山)

これは山ですか
IKOSUN SANIMNIKA
이것은 산입니까?
イ ゴスン サニム ニ カ
NE
네.
ネー
A NYO
아뇨!
アーニョ
?
違う
IKOSUN SAN ANIMNITA
이것은 산 아닙니다.
イ ゴスン サン ア ニム ニ ダ
これは山ではない イゴスン サンアニムニダ
KONGRYONG IMNITA
공룡 입니다.
コン リョン イム ニ ダ
恐竜です コンリョンイムニダ

このチョ・ク・イは人にも使えます
SA RAM
사람=(人)
サ ラム
えーとサラムね
こうなる
CHOSARAM チョサラム
저사람=あの人
KUSARAM クサラム
그사람=その人
ISARAM イサラム
이사람=この人
저
그
이
そうすると「誰」という言葉を使って人を尋ねることもできます
NU KU
누구(誰)
ヌグだ
誰がヌグかとおぼえるといい
やらしいわね
何かいい例はないかな
誰(ヌグ)の例ですか

あったわよ パパ
なんだ
パパのポケットから女の人の写真よ
ほら
この人は誰ですか!?
ISARAMUN NUKU IMNIKA
이사람은 누구 입니까?
イサラムン ヌグ イムニカ
タッハッハッ
できたイサラムンヌグイムニカね
まァまァそれでは今のを練習してみましょう
そうそうそうしよう
もう

CHOSARAMUN NUKU IMNIKA
저사람은《チョサラムン》 누구《ヌグ》 입니까?《イムニカ》
あの人は誰ですか
CHAKKA IMNITA
작가《チャッカ》 입니다.《イムニダ》
作家です
KUSARAMUN NUKU IMNIKA
그사람은《クサラムン》 누구《ヌグ》 입니까?《イムニカ》
その人は誰ですか?
MANHWOAKA IMNITA
만화가《マヌァガ》 입니다.《イムニダ》
漫画家です
ISARAMUN NUKU IMNIKA
이사람은《イサラムン》 누구《ヌグ》 입니까?《イムニカ》
この人は誰ですか?
UMAKA IMNITA
음악가《ウマッカ》 입니다.《イムニダ》
音楽家です

いろんな職業で練習してみましょう
NOTÓNGCHÁ
노동자《ノ ドンチャ》
労働者
KWOAHAKCHA
과학자《クァハクチャ》
科学者
WUISA
의사《ウィサ》
医師
KANHOSA
간호사《カノ サ》
看護師
YESURKA
예술가《イェスル カ》
芸術家
YORISA
요리사《ヨ リ サ》
料理人
KASU
가수《カ ス》
歌手
SONCHANG
선장《ソンチャン》
船長
KUNIN
군인《クニン》
軍人
MUYONGKÁ
무용가《ム ヨン ガ》
舞踊家
KONGMUWUON
공무원《コン ム ウォン》
公務員
UNHENGWUON
은행원《ウネン ウォン》
銀行員

われ思う
ゆえにわれあり
か
デカルト
何言ってるの？
いやーこの言葉は
じつに韓国的だなァ
と思って
なにしろ
われが
あるんだから
ふーん
というわけで
「ある」と「ない」です
イッスムニダと
オプスムニダ
ISTA イッタ ISSUMNITA イッスムニダ
있다 → 있습니다
ある ありま す
OPTA オプタ OPSUMNITA オプスムニダ
없다 → 없습니다
ない ありません
そして
「いる」「いない」も
同じイッタ、オプタを
使います
ISTA イッタ ISSUMNITA イッスムニダ
있다 → 있습니다
いる います
OPTA オプタ OPSUMNITA オプスムニダ
없다 → 없습니다
いない いません

ひとつで2通り使えるんだから便利だよね
「ある」と「いる」が同じというのはへんだけどね
この「ある・いる」を言うためには「が」という助詞が必要になるのは日本語といっしょです
「○○が」の「が」ね
これも은・는の「は」と同じく2つあります
母音で終わっているものには가 子音(パッチム)のものは이です
が
KA
가(母音につく)
이(子音につく)
よくわからないわ
こうすれば わかる
牛は가、馬はパッチムがあるから이だ
牛が います
SO KÁ ISSUMNITÁ
ソ ガ イッスム ニ ダ
소가 있습니다.
馬が います
MARI ISSUMNITÁ
マリ イッスム ニ ダ
말이 있습니다.
ソガイッスムニダ マリイッスムニダね
말
소

「あります」と「います」は日本語だけで考えればいいです
KE MI
개미
ケーミ
あり
NA PÍ
나비
ナ ビ
蝶
こっちはパッチムのないときね
CHAMCHARI
잠자리
チャムチャリ
木
ISSUMNITÁ
있습니다
KÁ
가
OPSUMNITÁ
없습니다
NA MU
나무
ナ ム
とんぼ
TA RI
다리
タ リ
橋
WUICHA
의자
ウィーチャ
いす
KE
개
ケー
犬

こっちはパッチムのあるときね
KOPUK
거북
コ ブク
かめ
POR
벌
ポル
はち
ISSUMNITÁ
있습니다
I
이
OPSUMNITÁ
없습니다
SASUM
사슴
サ スム
しか
KURUM
구름
ク ルム
PEM
뱀
ペム
へび
KIR
길
キル
道
雲
草
PUR
풀
プル

ではこの疑問の形はもうわかりますね
ISSUMNIKA
있습니까? ありますか
OPSUMNIKA
없습니까? ありませんか
イッスムニカ？オプスムニカ？
ありますか？（いますか？）ありませんか？（いませんか？）でーす
わかりまーす

これも가,이をつけて言ってみましょう
SO KA ISSUMNIKA
소 가 있습니까?
ソ ガ イッスムニカ
MARI ISSUMNIKA
말이 있습니까?
マリ イッスムニカ
牛がいますか？
馬がいますか？
ね

KOYANGIKÁ ISSUMNIKA
고양이가 있습니까？
コヤンイガ　イッスムニカ
（ねこがいますか）
KOYANGINUN OPSUMNITÁ
고양이는 없습니다.
コヤンイヌン オプスムニダ
（ねこはいません）
ゴロゴロ
KUKÓSUN KOYANGIKÁ ANIMNIKA
그것은 고양이가 아닙니까？
クゴスン コヤンイガアニムニカ
（それはねこではありませんか）
KOYANGIKÁ ANIMNITÁ
고양이가 아닙니다.
コヤンイガ アニムニダ
（ねこではありません）
HORANGI IMNITÁ
호랑이 입니다.
ホランイ　イムニダ
（とらです）
ガオーッ

では今度は
場所の
あ・そ・こです
また
あ・そ・こなの
遠くが
あそこ
中くらいが
そこ
近くが
ここと
いうだろう
あそこ
そこ
ここ
それが
こうなります
YOKI
여기
ヨギ
KOKI
거기
コギ
CHOKI
저기
チョギ
チョ・コ・ヨと
おぼえよう
場所の疑問は
「どこ」となる
OTI
어디
オディ
英語の
where
ね
山はどこに
ありますか？
SANUN OTI ISSUMNIKA
산은 어디
있습니까？
サヌン オディ イッスムニカ
산 (山)

SANUN CHOKI ISSUMNITA
산은 저기 있습니다. 山はあそこにあります
サヌン チョギ イッスムニダ
HAKKYONUN KOKI ISSUMNITA
학교는 거기 있습니다. 学校はそこにあります
ハッキョヌン コギ イッスムニダ
CHIPUN YOKI ISSUMNITA
집은 여기 있습니다. 家はここにあります
チブン ヨギ イッスムニダ
저기
거기
여기
これで です・でない・ある・ないと その疑問文全部言える ようになったわけです!
입니다 아닙니다
있다 없다
저것 그것 이것
저기 거기 여기
어디
あれ・それ・これと あそこ・そこ・ここと どこ、もね
次はいよいよ 動いてみよう お待ちかねの 漢字+하다もある
はいはい
その前に ちょっと 復習しておきましょう

SAKWOÁNUN OTI´ ISSUMNIKA→
사과는 어디 있습니까?
サグァヌン オディ イッスムニカ
りんごはどこにありますか?
CHOKI´ ISSUMNITÁ
저기 있습니다.
チョギ イッスムニダ
あそこにあります
PENUN OTI´ ISSUMNIKA→
배는 어디 있습니까?
ペーヌン オディ イッスムニカ
なしはどこにありますか?
KOKI´ ISSUMNITÁ
거기 있습니다.
コギ イッスムニダ
そこにあります
KAMUN OTI´ ISSUMNIKA→
감은 어디 있습니까?
カムン オディ イッスムニカ
かきはどこにありますか?
YOKI´ ISSUMNITÁ
여기 있습니다.
ヨギ イッスムニダ
ここにあります

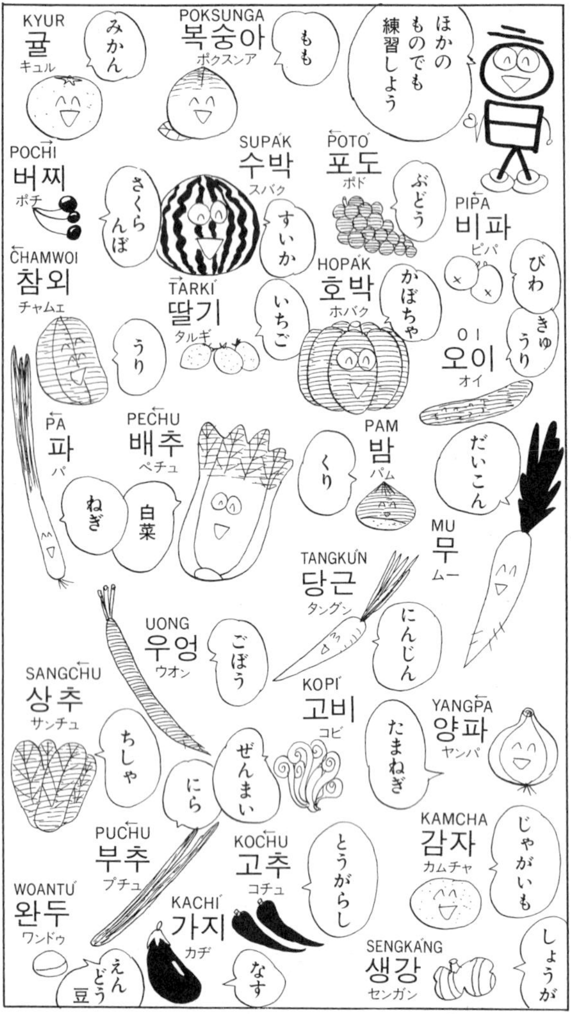

ほかのものでも練習しよう
KYUR
귤
キュル
みかん
POKSUNGA
복숭아
ポクスンア
もも
POCHI
버찌
ポチ
さくらんぼ
SUPAK
수박
スバク
すいか
POTO
포도
ポド
ぶどう
PIPA
비파
ピパ
びわ
CHAMWOI
참외
チャムェ
うり
TARKI
딸기
タルギ
いちご
HOPAK
호박
ホバク
かぼちゃ
OI
오이
オイ
きゅうり
PA
파
パ
ねぎ
PECHU
배추
ペチュ
白菜
PAM
밤
パム
くり
MU
무
ムー
だいこん
TANGKUN
당근
タングン
にんじん
UONG
우엉
ウオン
ごぼう
SANGCHU
상추
サンチュ
ちしゃ
KOPI
고비
コビ
ぜんまい
YANGPA
양파
ヤンパ
たまねぎ
PUCHU
부추
プチュ
にら
KOCHU
고추
コチュ
とうがらし
KAMCHA
감자
カムチャ
じゃがいも
WOANTU
완두
ワンドゥ
えんどう豆
KACHI
가지
カヂ
なす
SENGKANG
생강
センガン
しょうが

5章

熟語＋ハダで会話できる

さて
これからは
DO詞だ
えーっ？
動詞
でしょ
いや英語の
「DO」とおぼえた
ほうがいい
日本語の「する」だ
それが
하다です
これだけは
絶対に
おぼえましょう
HATÁ
Do=する=하다
ハダ
ハダね
要するに
「する」のは
「歯だ」と
おぼえりゃ
いいのね
そういう
ことです
友情出演
三遊亭円丈師匠
なぜかというと
知ってる漢字に
하다をつければ
何でも言えるように
なるからさ
ほんとかしら

最初のあいさつに出てきたこれがそうでしたね
KAMSA HATA
感謝(감사《カムサ》)하다《ハダ》
感謝するだからありがとうという意味ね
では勉強するは？
勉強하다でいいんじゃない？
それが違うんです同じ漢字でも韓国だけのものがある
安寧も未安もそうだけどね
勉強といわず工夫という
KONGPU
工夫(공부《コンブ》)
공부《コンブ》하다《ハダ》 (勉強する)
日本だとくふうだけどね
ややこしいわね

でもそういうときも別の漢字を思い出せばいいんですよ
学習
(학습)
HAKSUP
あ、なるほどね
どちらも同じ意味だよ
工夫하다《コンブ ハダ》
学習하다《ハクスプ ハ ダ》
勉強すると学習するね
特集
漢字＋하다
ではここでどれくらい漢字하다があるか見てみましょう
これがこの本の売りものさ
今までの日本語の知識を利用するのね
私にはそれがないのよ

ANNE HAMNITÁ
案内(안내)합니다.
アンネ ハムニダ
案内します
ANSIM HAMNITÁ
安心(안심)합니다.
アンシム ハムニダ
安心します
YAKSOK HAMNITÁ
約束(약속)합니다.
ヤクソク ハムニダ
約束します
ANCHŎN HAMNITÁ
安全(안전)합니다.
アンヂョン ハムニダ
安全です
IRPAK HAMNITÁ
一泊(일박)합니다.
イルパク ハムニダ
一泊します
WUIMI HAMNITÁ
意味(의미)합니다.
ウィミ ハムニダ
意味します
NO

CHOMSIM HAMNITA

点心(점심《チョムシム》)합니다《ハムニダ》.

昼食します

UNCHON HAMNITA

運転(운전《ウンヂョン》)합니다《ハムニダ》.

運転します

SUIP HAMNITA

輸入(수입《スイプ》)합니다《ハムニダ》.

輸入します

WOANGPOK HAMNITA

往復(왕복《ワンポク》)합니다《ハムニダ》.

往復します

YEYAK HAMNITA

予約(예약《イェヤク》)합니다《ハムニダ》.

予約します

YECHONG HAMNITA

予定(예정《イェヂョン》)합니다《ハムニダ》.

予定します
12

KESON HAMNITÁ
改善(개선)합니다.
ケソン ハムニダ
改善します
WUON HAMNITÁ
願(원)합니다.
ウォン ハムニダ
願います
HWOIWUI HAMNITÁ
会議(회의)합니다.
フェーウィ ハムニダ
会議します
KEPÁR HAMNITÁ
開発(개발)합니다.
ケバル ハムニダ
開発します
HWOAKÍN HAMNITÁ
確認(확인)합니다.
ファギン ハムニダ
確認します
HESOR HAMNITÁ
解説(해설)합니다.
ヘーソル ハムニダ
解説します

KWOANKYE HAMNITA
関係(관계《クァンゲ》)합니다《ハムニダ》.
関係します
KAMSA HAMNITA
感謝(감사《カムサ》)합니다《ハムニダ》.
ありがとう
KIIP HAMNITA
記入(기입《キイプ》)합니다《ハムニダ》.
記入します
KANG HAMNITA
強(강《カン》)합니다《ハムニダ》.
強いです
KUKYONG HAMNITA
求景(구경《クギョン》)합니다《ハムニダ》.
見物します
KWUIKUK HAMNITA
帰国(귀국《クィグク》)합니다《ハムニダ》.
帰国します

HOKA HAMNITA
許可(허가)합니다.
ホガ ハムニダ
許可します
HYUKE HAMNITA
休憩(휴게)합니다.
ヒュゲ ハムニダ
休憩します
KYOYUK HAMNITA
教育(교육)합니다.
キョユク ハムニダ
教育します
KONGCHON HAMNITA
共存(공존)합니다.
コンヂョン ハムニダ
共存します
KUMCHI HAMNITA
禁止(금지)합니다.
クムヂ ハムニダ
禁止します
HYOPRYOK HAMNITA
協力(협력)합니다.
ヒョムニョク ハムニダ
協力します

KUP HAMNITA
急(급)합니다.
クプ ハムニダ
急です
KU HAMNITA
求(구)합니다.
ク ハムニダ
求めます
KYESAN HAMNITA
計算(계산)합니다.
ケサン ハムニダ
計算します
1961
8534
2796
+7231
HASUK HAMNITA
下宿(하숙)합니다.
ハスク ハムニダ
下宿します
KYONGHOM HAMNITA
経験(경험)합니다.
キョンホム ハムニダ
経験します
BAR
KYEHWOIK HAMNITA
計画(계획)합니다.
ケフェク ハムニダ
計画します

コラム

5 盧《ノ》泰《テ》愚《ウ》の「ノ」と、なんとかはの「は」

どうです、ハングル簡単でしょ。難しいって人は、逆に外国人が日本語を習得するのがどんなに大変か、想像してみるといいです。

漢字があってひらがながありカタカナがある。そのうえカタカナ言葉は英語だったりフランス語だったり和製語だったり。おまけに韓国語と違って漢字の読み方には音と訓があります。大変ですよ。

また、「どこどこへ」と言うときの「へ」は「え」と発音する。「なんとかは」の「は」も「わ」だし。外国人に「なぜだ?」と聞かれると当の日本人だって困っちゃうもんね。

ここで少しハングルの発音の勉強をしますか。李朝は日本だと「りちょう」だよね。でも韓国では李をイと発音するの。ラリルレロは、言葉の最初に来るとなぜかRの音を発音しないんだ。ところが、若い娘さんを呼ぶとき、これはアメリカの影響なんだけど上にミスをつける。それでイなんとかという名の娘さんを呼ぶと、こんどはミス・リーとなってラ行が現われてくる。面白いでしょ。

第十三代の大統領だった盧泰愚さん。だけど、あの盧だって日本だったらロでなきゃおかしいでしょう、絶対。だけどラ行だからロと言わずにノと言うわけ。数字の六なんかもハングルではユクと発音するんだよね。ところが、一二三四と続いてきて五六となると、リュクという発音になるんだ。これは日本語の六に近いよね。やっぱりラ行だから、頭にきたときはその発音を避けるわけです。なぜって聞かないでね。なぜかそうなってるの。

YONKU HAMNITA
研究(연구)합니다.
ヨング ハムニダ

研究します

KYORHON HAMNITA
結婚(결혼)합니다.
キョロン ハムニダ

結婚します

KOMSA HAMNITA
検査(검사)합니다.
コムサ ハムニダ

検査します

KONKANG HAMNITA
健康(건강)합니다.
コンガン ハムニダ

元気です

NANCHO HAMNITA
難処(난처)합니다
ナンチョ ハムニダ

困ります

KYONHAK HAMNITA
見学(견학)합니다.
キョナク ハムニダ

見学します

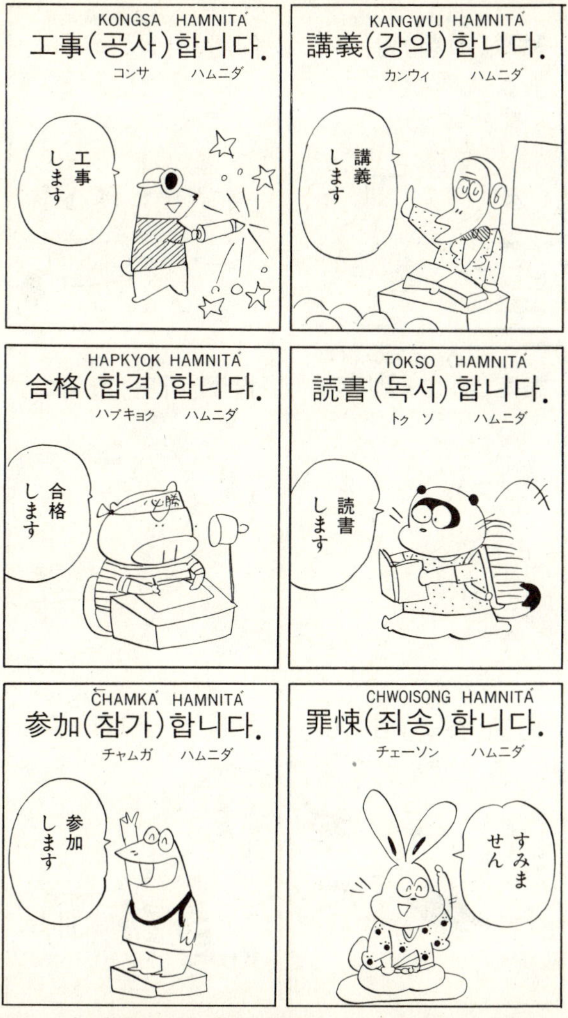
KONGSA HAMNITÁ
工事(공사)합니다.
コンサ　ハムニダ
工事します
KANGWUI HAMNITÁ
講義(강의)합니다.
カンウィ　ハムニダ
講義します
HAPKYOK HAMNITÁ
合格(합격)합니다.
ハプキョク　ハムニダ
合格します
TOKSO HAMNITÁ
読書(독서)합니다.
トク ソ　ハムニダ
読書します
CHAMKÁ HAMNITÁ
参加(참가)합니다.
チャムガ　ハムニダ
参加します
CHWOISONG HAMNITÁ
罪悚(죄송)합니다.
チェーソン　ハムニダ
すみません

SIHOM HAMNITÁ

試験(시험《シホム》)합니다《ハムニダ》.

試験します

SAYONG HAMNITÁ

使用(사용《サヨン》)합니다《ハムニダ》.

使用します

CHICHÓNG HAMNITÁ

指定(지정《チヂョン》)합니다《ハムニダ》.

指定します

CHITÓ HAMNITÁ

指導(지도《チド》)합니다《ハムニダ》.

指導します

CHURKÚK HAMNITÁ

出国(출국《チュルグク》)합니다《ハムニダ》.

出国します

SUSOK HAMNITÁ

手続(수속《スソク》)합니다《ハムニダ》.

手続きします

CHURPAR HAMNITA
出発(출발)합니다.
チュルパル　ハムニダ
出発します
CHURPAN HAMNITA
出版(출판)합니다.
チュルパン　ハムニダ
出版します
곰
SOKE HAMNITA
紹介(소개)합니다.
ソゲ　ハムニダ
紹介します
CHURCHANG HAMNITA
出張(출장)합니다.
チュルチャン　ハムニダ
出張します
SUNGCHA HAMNITA
乗車(승차)합니다.
スンチャ　ハムニダ
乗車します
CHOTE HAMNITA
招待(초대)합니다.
チョデ　ハムニダ
招待します

失礼(실례《SIRRYE》《シルレ》)합니다《HAMNITÁ》《ハムニダ》.

失礼します

食事(식사《SIKSA》《シクサ》)합니다《HAMNITÁ》《ハムニダ》.

食事します

信用(신용《SINYONG》《シニョン》)합니다《HAMNITÁ》《ハムニダ》.

信用します

質問(질문《CHIRMUN》《チルムン》)합니다《HAMNITÁ》《ハムニダ》.

質問します

進学(진학《CHINHAK》《チナク》)합니다《HAMNITÁ》《ハムニダ》.

進学します

申告(신고《SINKÓ》《シンゴ》)합니다《HAMNITÁ》《ハムニダ》.

申告します

SENGHWOAR HAMNITÁ

生活(생활)합니다.

センファル　ハムニダ

生活します

CHINCHOR HAMNITÁ

親切(친절)합니다.

チンチョル　ハムニダ

親切です

SORMYONG HAMNITÁ

説明(설명)합니다.

ソルミョン　ハムニダ

説明します

CHONGHWOAK HAMNITÁ

正確(정확)합니다.

チョンファク　ハムニダ

正確です

SANGWUI HAMNITÁ

相議(상의)합니다.

サンウィ　ハムニダ

相談します

CHOPTE HAMNITÁ

接待(접대)합니다.

チョプテ　ハムニダ

接待します

CHOSIM HAMNITÁ
操心(조심)합니다.
チョシム ハムニダ
気をつけます
CHOROP HAMNITÁ
卒業(졸업)합니다.
チョロプ ハムニダ
卒業します
CHERYU HAMNITÁ
滞留(체류)합니다.
チェリュ ハムニダ
滞在します
TEPYO HAMNITÁ
代表(대표)합니다.
テピョ ハムニダ
代表します
CHIKAK HAMNITÁ
遅刻(지각)합니다.
チガク ハムニダ
遅刻します
CHIN HAMNITÁ
親(친)합니다.
チナムニダ
親しいです

CHONGCHA HAMNITÁ

停車(정차《チョンチャ》)합니다《ハムニダ》.

停車します

TONGYOK HAMNITÁ

通訳(통역《トンヨク》)합니다《ハムニダ》.

通訳します

CHONHWOA HAMNITÁ

電話(전화《チョヌァ》)합니다《ハムニダ》.

電話します

CHOKTANG HAMNITÁ

適当(적당《チョクタン》)합니다《ハムニダ》.

適当です

TOCHAK HAMNITÁ

到着(도착《トチャク》)합니다《ハムニダ》.

到着します

TAPSUNG HAMNITÁ

搭乗(탑승《タプスン》)합니다《ハムニダ》.

搭乗します

IPKUK HAMNITÁ
入国(입국)합니다.
イプクク ハムニダ
入国します
TONG HAMNITÁ
通(통)합니다.
トン ハムニダ
通じます
YEPÓ HAMNITÁ
予報(예보)합니다.
イェボ ハムニダ
予報します
IPHAK HAMNITÁ
入学(입학)합니다.
イパク ハムニダ
入学します
학교
MEME HAMNITÁ
売買(매매)합니다.
メメ ハムニダ
売買します
CHECHAK HAMNITÁ
制作(제작)합니다.
チェチャク ハムニダ
制作します

コラム

6 日本語は韓国語の方言だった？

ほかの外国なら、人々の顔も違うし喋ってる言葉もチンプンカンプンですよね。ところが韓国だと顔なんてだいたいいっしょだし、ときどき言葉も通じちゃったりする。感謝がカムサだったり大学がテハクだったりと。イントネーションも似てるし、なんか日本語の方言を聞いてるみたいな気がする。

日帝時代に日本が韓国語を禁止したとき、その理由に「方言だから」なんて言った人もいたらしい。韓国語は、東北や九州の人が喋っている言葉と同じだから、正しい日本語をおぼえるように、標準語を喋れってことで。ムチャクチャな話だけど、韓国語を勉強してるとそのムチャを半分くらい信じる気になってしまうのも事実なんだ。

でも逆に言えば、日本語のほうが韓国語の方言なのかもしれないよ。方言というか、日本語は韓国語の子どもなのかもしれない。とにかく、あの時代の韓国の人たちはそうやって国民学校（小学校）で日本語を教育されたわけ。

で、言葉というのはおぼえてしまうと忘れない。その時代がどんなにイヤでも、使うと懐かしさを感じるらしい。だから、ぼくが韓国へ行って下手くそな韓国語を喋ると、必ず年配の人は「日本語でいいですよ」と言ってくれる。でも最初から日本語だとそうは言ってくれない。なぜかというと、日本に対してはいい思いがないということでしょう。

だから、ほんの少しでも近づく手助けになればいいんです。韓国人と仲よくなるために。

PANME HAMNITA
販売(판매《パンメ》)합니다《ハムニダ》.

販売します

PARPYO HAMNITA
発表(발표《パルピョ》)합니다《ハムニダ》.

発表します

PIRTAM HAMNITA
筆談(필담《ピルダム》)합니다《ハムニダ》.

筆談します
안녕

PIRYO HAMNITA
必要(필요《ピリョ》)합니다《ハムニダ》.

必要です

PUTAM HAMNITA
負担(부담《プダム》)합니다《ハムニダ》.

負担します

PUTAK HAMNITA
付託(부탁《プタック》)합니다《ハムニダ》.

お願いします

KONGPU HAMNITA
工夫(공부)합니다.
コンブ　ハムニダ
勉強します
PURPYON HAMNITA
不便(불편)합니다.
プルピョン　ハムニダ
不便です
PYONKYONG HAMNITA
変更(변경)합니다.
ピョンギョン　ハムニダ
変更します
POKSA HAMNITA
複写(복사)합니다.
ポクサ　ハムニダ
コピーします
POCHUNG HAMNITA
保証(보증)합니다.
ポヂュン　ハムニダ
保証します
PYONRI HAMNITA
便利(편리)합니다.
ピョルリ　ハムニダ
便利です

POKO HAMNITA
報告(보고)합니다.
ポゴ ハムニダ
報告します
PANGSONG HAMNITA
放送(방송)합니다.
パンソン ハムニダ
放送します
MUYOK HAMNITA
貿易(무역)합니다.
ムヨク ハムニダ
貿易します
POTO HAMNITA
報道(보도)합니다.
ポド ハムニダ
報道します
MIAN HAMNITA
未安(미안)합니다.
ミアナムニダ
すいません
PONYOK HAMNITA
翻訳(번역)합니다.
ポニョク ハムニダ
翻訳します

KUE HAMNITÁ
求愛(구애)합니다.
クエ ハムニダ
求愛します
MUKÓ HAMNITÁ
無故(무고)합니다.
ムゴ ハムニダ
無事です
MOKYÓK HAMNITÁ
沐浴(목욕)합니다.
モギョク ハムニダ
入浴します
MYONGRYONG HAMNITÁ
命令(명령)합니다.
ミョンニョン ハムニダ
命令します
IHE HAMNITÁ
理解(이해)합니다.
イヘー ハムニダ
理解します
IYONG HAMNITÁ
利用(이용)합니다.
イヨン ハムニダ
利用します

YUHAK HAMNITA
留学(유학)합니다.
ユハク ハムニダ
留学します
IRYUK HAMNITA
離陸(이륙)합니다.
イリュク ハムニダ
離陸します
YONGSU HAMNITA
領収(영수)합니다.
ヨンス ハムニダ
受け取ります
YORI HAMNITA
料理(요리)합니다.
ヨリ ハムニダ
料理します
YONSUP HAMNITA
練習(연습)합니다.
ヨンスプ ハムニダ
練習します
NENGPANG HAMNITA
冷房(냉방)합니다.
ネンバン ハムニダ
冷房します

CHUCHA HAMNITA
駐車(주차《チュチャ》)합니다《ハムニダ》.

駐車します

YONRAK HAMNITA
連絡(연락《ヨルラク》)합니다《ハムニダ》.

連絡します

CHAKRYUK HAMNITA
着陸(착륙《チャンニュク》)합니다《ハムニダ》.

着陸します

CHUNGCHI HAMNITA
中止(중지《チュンヂ》)합니다《ハムニダ》.

中止します

CHUMUN HAMNITA
注文(주문《チュムン》)합니다《ハムニダ》.

注文します

CHUWUI HAMNITA
注意(주의《チュウィ》)합니다《ハムニダ》.

注意します

しかしこれはまだまだ便利に使えるんだ
どういうこと？
ゆいさんのような若い子は最近「お茶する」なんて言わない？
言う子もいるよ私は言わないけど
それと同じことが韓国語でもできる
名詞＋하다
もちろんこれはまちがいなんですけれど

たとえば映画が見たいとき「見る」も「行く」もわからないときは「する」で言うしかない
YONGHWOA HAMNIKA
영화합니까？
ヨンファハムニカ
（映画しますか）
YONGHWOA HAMNITA
영화합니다.
ヨンファハムニダ
（映画します）
上映中
「飲む」がわからなければ
生
MEKCHU HAMNIKA
麦酒（맥주）합니까？
メクチュハムニカ
（ビールしますか）
MEKCHU HAMNITA
맥주합니다.
メクチュハムニダ
（ビールします）
「乗る」だってするでできる
POSU HAMNIKA
버스합니까？
ポスハムニカ
（バスしますか）
TEKSI HAMNITA
택시합니다.
テクシーハムニダ
（タクシーします）

SINMUN HAMNITÁ
신문합니다.
シンムンハムニダ
(新聞します)
SHINMUN HAMNIKA
新聞(신문)합니까?
シンムンハムニカ
(新聞しますか)
読むも
SAKWOÁ HAMNITÁ
사과합니다.
サグァハムニダ
(りんごします)
SAKWOÁ HAMNIKA
사과합니까?
サグァハムニカ
(りんごしますか)
食べるも
감사합니다
正しくないけど通じます
これはいいね
困ったときには하《ハ》다《ダ》하《ハ》다《ダ》便利なんちゃって

ハムニダから ハを取ると 何が残りますか？
HAMNITÁ
합니다 −하＝
↓
ㅂ니다
M NI TÁ
えーと えーと
ムニダ でしょ
そうすると ムニダは 「ます」という ことに なりますね
HA
하 し
↑
ㅂ니다 ます
M NI TÁ
まっ そうね
算数 みたい
そこへ 「行く」という 意味の가다の가を 持ってくると
갑니다
KAMNITÁ
行き ます
あっ そうか
カムニダね
となる

TWOITA
되다 → 됩니다
トウェダ
TWOIMNITA
トウェムニダ
○○になります
KURITA
그리다 → 그립니다
クリダ
KURIMNITA
クリムニダ
描きます
MASITA
마시다 → 마십니다
マシダ
MASIMNITA
マシムニダ
飲みます
酒
TONATA
떠나다 → 떠납니다
トナダ
TONAMNITA
トナムニダ
発ちます
PORITA
버리다 → 버립니다
ポリダ
PORIMNITA
ポリムニダ
捨てます
PEUTA
배우다 → 배웁니다
ペウダ
PEUMNITA
ペウムニダ
学びます

POTÁ POMNITÁ
보다 → 봅니다
ポダ ポムニダ
見ます
PONETÁ PONEMNITÁ
보내다 → 보냅니다
ポネダ ポネムニダ
送ります
SUTÁ SUMNITÁ
쓰다 → 씁니다
スダ スムニダ
書きます
使います
SWUITÁ SWUIMNITÁ
쉬다 → 쉽니다
スィダ スィムニダ
休みます
HURUTÁ HURUMNITÁ
흐르다 → 흐릅니다
フルダ フルムニダ
流れます
IRONATÁ IRONAMNITÁ
일어나다→일어납니다
イロナダ イロナムニダ
起きます

PIRRITÁ
빌리다 → 빌립니다
ピルリダ
PIRRIMNITÁ
ピルリムニダ
借ります
CHIKITÁ
지키다 → 지킵니다
チキダ
CHIKIMNITÁ
チキムニダ
守ります
ORRITÁ
올리다 → 올립니다
オルリダ
ORRIMNITÁ
オルリムニダ
上げます
ARRITÁ
알리다 → 알립니다
アルリダ
ARRIMNITÁ
アルリムニダ
知らせます
TURRITÁ
틀리다 → 틀립니다
トゥルリダ
TURRIMNITÁ
トゥルリムニダ
まちがいです
TERITÁ
때리다 → 때립니다
テリダ
TERIMNITÁ
テリムニダ
たたきます

CHURKITA → CHURKIMNITA
즐기다 → 즐깁니다
チュルギダ → チュルギムニダ
好みます
KACHITA → KACHIMNITA
가지다 → 가집니다
カヂダ → カヂムニダ
持ちます
KARUCHITA → KARUCHIMNITA
가르치다 → 가르칩니다
カルチダ → カルチムニダ
教えます
IKITA → IKIMNITA
이기다 → 이깁니다
イギダ → イギムニダ
勝ちます
MOITA → MOIMNITA
모이다 → 모입니다
モイダ → モイムニダ
集まります
KORRITA → KORRIMNITA
걸리다 → 걸립니다
コルリダ → コルリムニダ
かかります

NERITA
내리다 → 내립니다
ネリダ
NERIMNITA
ネリムニダ
ふります
降ります
TURRITA
들리다 → 들립니다
トゥルリダ
TURRIMNITA
トゥルリムニダ
聞こえます
SATA
사다 → 삽니다
サダ
SAMNITA
サムニダ
買います
TATA
타다 → 탑니다
タダ
TAMNITA
タムニダ
乗ります
CHATA
자다 → 잡니다
チャダ
CHAMNITA
チャムニダ
眠ります
MANNATA
만나다 → 만납니다
マンナダ
MANNAMNITA
マンナムニダ
会います

NAKATA NAKAMNITA
나가다 → 나갑니다
ナガダ ナガムニダ
出ます
CHARATA CHARAMNITA
자라다 → 자랍니다
チャラダ チャラムニダ
育ちます
KATA KAMNITA
가다 → 갑니다
カダ カムニダ
行きます
OTA OMNITA
오다 → 옵니다
オダ オムニダ
来ます
SEUTA SEUMNITA
세우다 → 세웁니다
セウダ セウムニダ
止めます
SAUTA SAUMNITA
싸우다 → 싸웁니다
サウダ サウムニダ
争います

しかし子音(パッチム)があってㅂがつけられないのもあるたとえば「読む」だ
IRKTA
읽다
イクタ
読む
2つパッチムです
読むのㄹは読まないのね
なんだかややっこしいわね
こういう場合はスムニダにします
スムニダですむにだとおぼえよう
읽다
IRKSUMNITA
읽습니다
イクスムニダ
読みます
するとこれはイクスムニダ「読みます」ね
同じようにこれは
モクモクと食べる
MOK TA
먹다
モクタ
食べる
MOKSUMNITA
먹습니다
モクスムニダ
食べます
モクスムニダ「食べます」

KOTTA
걷다 → 걷습니다
コッタ
KOTSUMNITÁ
コッスム ニ ダ
歩きます
CHATTA
찾다 → 찾습니다
チャッタ
CHATSUMNITÁ
チャッスムニ ダ
探します
POPTA
뽑다 → 뽑습니다
ポプ タ
POPSUMNITÁ
ポプスム ニ ダ
抜きます
CHUKTA
죽다 → 죽습니다
チュクタ
CHUKSUMNITÁ
チュクスムニ ダ
死にます
HARTA
핥다 → 핥습니다
ハル タ
HARSUMNITÁ
ハルスム ニ ダ
なめます
PAPTA
밟다 → 밟습니다
パプタ
PAPSUMNITÁ
パプスムニ ダ
踏みます

PATTA
받다 → 받습니다
パッタ　パッスム ニ ダ

受け取ります

SIMTA
심다 → 심습니다
シム タ　シムスム ニ ダ

植えます

IPTA
입다 → 입습니다
イプ タ　イプスム ニ ダ

着ます

CHIKTA
찍다 → 찍습니다
チクタ　チクスム ニ ダ

写します

NAKTA
낚다 → 낚습니다
ナク タ　ナクスム ニ ダ

釣ります

POSTA
벗다 → 벗습니다
ポッ タ　ポッスム ニ ダ

脱ぎます

CHAMTA　　CHAMSUMNITA

참다《チャムタ》 → 참습니다《チャムスム ニ ダ》

がまんします

SINTA　　SINSUMNITA

신다《シンタ》 → 신습니다《シンスム ニ ダ》

履きます

OPTA　　OPSUMNITA

업다《オプ タ》 → 업습니다《オプスム ニ ダ》

背負います

TATTA　　TATSUMNITA

닫다《タッ タ》 → 닫습니다《タッスム ニ ダ》

閉めます

ISTA　　ISSUMNITA

잇다《イッ タ》 → 잇습니다《イッスム ニ ダ》

つなぎます

ANTA　　ANSUMNITA

앉다《アン タ》 → 앉습니다《アンスム ニ ダ》

座ります

NAMTA　NAMSUMNITÁ

남다《ナムタ》 → 남습니다《ナムスムニダ》

残ります

PEASTA　PEASSUMNITÁ

빼앗다《ペアッタ》 → 빼앗습니다《ペアッスムニダ》

奪います

MUKTA　MUKSUMNITÁ

묵다《ムクタ》 → 묵습니다《ムクスムニダ》

泊まります

MUTTA　MUTSUMNITÁ

묻다《ムッタ》 → 묻습니다《ムッスムニダ》

尋ねます

PUSTA　PUSSUMNITÁ

붓다《プッタ》 → 붓습니다《プッスムニダ》

腫れあがります

NASTA　NASSUMNITÁ

낫다《ナッタ》 → 낫습니다《ナッスムニダ》

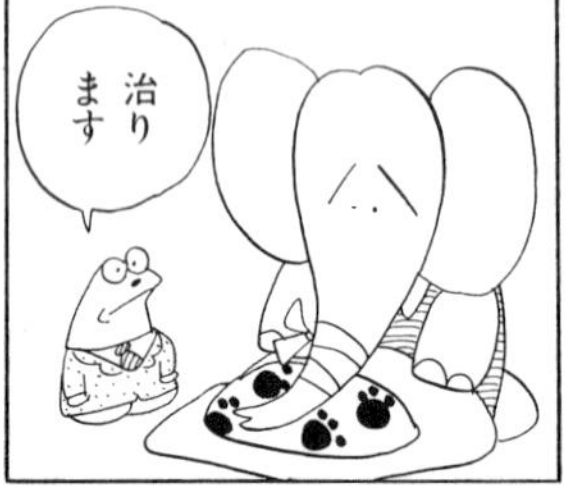
治ります

コラム

7 韓国人と日本人の相互理解

ちょっと前まで韓国通といえば在日の人か、政治的な関係のある人、そして「あらゆることは日本が悪い」って謝ってばかりいる〝ミアン派〟の運動家みたいな人だけだった。ミアン派というのはぼくの造語なんだけど、最近は韓国でも使う人がいるみたいだね。

ぼくは留学生ともつきあいがあるけど、彼らが日本に来てとまどうのは、韓国では教えてもらえなかった日本の姿が見えてくるからだと思う。悪いところはあるけれど、そればかりじゃないってことですね。良いところもいっぱいあると。

韓国人と日本人がいちばん違うのは、自国への誇りじゃないかなあ。

日本人は学校で「日本人としての誇りを持て」なんて教わらないでしょう。でも韓国では教えてる。その迫力で日本人と話すと、会話が止まっちゃうんですよ。

韓国の若い人が「日本は韓国に悪いことをした」ってばかり言うのに対し、日本の年寄りが「気持ちはわかるけど、もう少し未来に続くような話し方をしないと、話が先に進まないよ」って答えた話がある。

強制連行、創氏改名といった過去の話も大事だけど、そればっかりじゃないと、これからは個人と個人が普通の友だち関係で喋れるようになればいいなあ、と思います。

いま、そういうふうにして韓国のことを知りたいと思ってる日本人が、増えているんじゃないかな。

でこれらの疑問文は？
ㅂ니다は「ます」だから「ますか？」だね
KAMNITA
갑니다
KAMNIKA
갑니까？
カムニカ
行きますか
えーと ㅂ니까 ムニカ でしょう
そして 습니다は
MOKSUMNITA
먹습니다
MOKSUMNIKA
먹습니까？
モクスムニカ
食べますか
スムニカ でしょう？
では「しません」は
否定形ね
えーっ
そんなの聞いてないよー

まァいろいろあるけど ひとつだけ おぼえましょう
これは 動詞にも 形容詞にも 使えるから
AN TA
않다《アン タ》
ANSUMNITA
않습니다.《アンスムニダ》
アンタだから アンタが おぼえ なさい
コノー
アンタも おぼえなさい

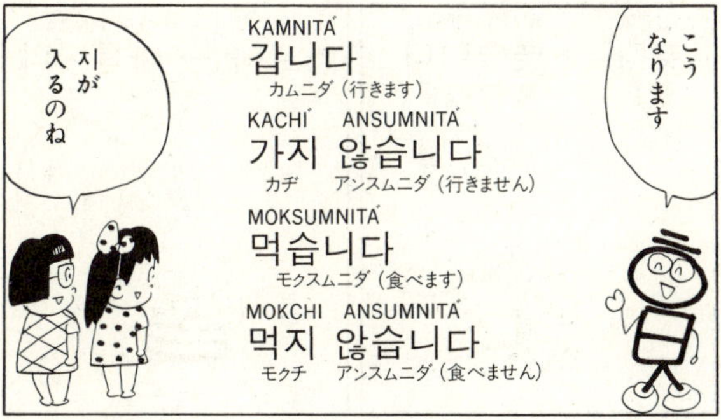
こう なります
KAMNITA
갑니다《カムニダ》（行きます）
KACHI ANSUMNITA
가지《カヂ》 않습니다《アンスムニダ》（行きません）
MOKSUMNITA
먹습니다《モクスムニダ》（食べます）
MOKCHI ANSUMNITA
먹지《モクチ》 않습니다《アンスムニダ》（食べません）
지が 入るのね

で 疑問は こうなる
KACHI ANSUMNIKA
가지《カヂ》 않습니까《アンスムニカ》？（行きませんか）
MOKCHI ANSUMNIKA
먹지《モクチ》 않습니까《アンスムニカ》？（食べませんか）
誘いの 言葉にも なるわね

CHAKTA
작다 → 작습니다
チャクタ
CHAKSUMNITA
チャクスムニ ダ
小さいです
KUTA
크다 → 큽니다
ク ダ
KUMNITA
クム ニ ダ
大きいです
NUTTA
늦다 → 늦습니다
ヌッ タ
NUTSUMNITA
ヌッスム ニ ダ
遅いです
PARUTA
빠르다 → 빠릅니다
パ ル ダ
PARUMNITA
パ ルム ニ ダ
速いです
CHOPTA
좁다 → 좁습니다
チョプタ
CHOPSUMNITA
チョプスムニ ダ
狭いです
NORTA
넓다 → 넓습니다
ノル タ
NORSUMNITA
ノルスム ニ ダ
広いです

※以下、습니다の形でないものもありますが、一緒に覚えましょう。

NATTA NATSUMNITÁ
낮다 → 낮습니다
ナッタ ナッスム ニ ダ
低いです
NOPTA NOPSUMNITÁ
높다 → 높습니다
ノプ タ ノプスム ニ ダ
高いです
CHOMTA CHOMSUMNITÁ
젊다 → 젊습니다
チョムタ チョムスムニ ダ
若いです
MIPTA MIPSUMNITÁ
밉다 → 밉습니다
ミプ タ ミプスムニダ
憎いです
CHOHTA CHOHSUMNITÁ
좋다 → 좋습니다
チョッタ チョッスム ニダ
良いです
NAPUTA NAPUMNITÁ
나쁘다 → 나쁩니다
ナ プ ダ ナ プム ニ ダ
悪いです

KOPTA　KOPSUMNITÁ
곱다 → 곱습니다
コプタ　コプスム ニ ダ
きれいです

ARUMTÁPTA　ARUMTÁPSUMNITÁ
아름답다→아름답습니다
アルムダプタ　アルムダプスムニダ
美しいです

TOPTA　TOPSUMNITÁ
덥다 → 덥습니다
トプタ　トプスム ニ ダ
暑いです

MAKTA　MAKSUMNITÁ
맑다 → 맑습니다
マク タ　マクスム ニ ダ
清いです

YEPUTÁ　YEPUMNITÁ
예쁘다 → 예쁩니다
イェ プ ダ　イェプム ニ ダ
かわいいです

CHUPTA　CHUPSUMNITÁ
춥다 → 춥습니다
チュプタ　チュプスムニ ダ
寒いです

MUKÓPTA MUKÓPSUMNITÁ
무겁다→무겁습니다
ム ゴプ タ ム ゴプスムニダ
重いです
PAKTA PAKSUMNITÁ
밝다 → 밝습니다
パク タ パクスム ニ ダ
明るいです
ピカーッ
CHOYONGHATÁ CHOYONGHAMNITÁ
조용하다→조용합니다
チョヨンハダ チョヨンハムニダ
静かです
KAPYÓPTA KAPYÓPSUMNITÁ
가볍다→가볍습니다
カピョプタ カピョプスムニ ダ
軽いです
MEPTA MEPSUMNITÁ
맵다 → 맵습니다
メプタ メプスム ニ ダ
からいです
SIKUROPTA SIKUROPSUMNITÁ
시끄럽다→시끄럽습니다
シクロプタ シクロプスムニダ
やかましいです

KANURTA → KANUMNITA
가늘다 → 가늡니다
カヌルダ　カヌムニダ
細いです
KUKTA → KUKSUMNITA
굵다 → 굵습니다
クㇰタ　クㇰスム ニ ダ
太いです
YATTA → YATSUMNITA
얕다 → 얕습니다
ヤッ タ　ヤッスム ニ ダ
浅いです
KIPTA → KIPSUMNITA
깊다 → 깊습니다
キプ タ　キプスム ニ ダ
深いです
SATA → SAMNITA
싸다 → 쌉니다
サ ダ　サム ニ ダ
安いです
PISATA → PISAMNITA
비싸다 → 비쌉니다
ピ サ ダ　ピ サム ニ ダ
高いです
100.000

NAKTA → NAKSUMNITÁ

낡다《ナクタ》 → 낡습니다《ナクスムニダ》

古いです

SEROPTA → SEROPSUMNITÁ

새롭다《セロプタ》 → 새롭습니다《セロプスムニダ》

新しいです

HANKÁHATÁ → HANKÁHAMNITÁ

한가하다《ハンガハダ》 → 한가합니다《ハンガハムニダ》

ひまです

PAPUTÁ → PAPUMNITÁ

바쁘다《パプダ》 → 바쁩니다《パプムニダ》

忙しいです

SURPUTÁ → SURPUMNITÁ

슬프다《スルプダ》 → 슬픕니다《スルプムニダ》

悲しいです

KIPUTÁ → KIPUMNITÁ

기쁘다《キプダ》 → 기쁩니다《キプムニダ》

うれしいです

MUSOPTA MUSOPSUMNITA
무섭다→무섭습니다
ム ソプ タ ム ソプスム ニ ダ
恐ろしいです
KWOIROPTA KWOIROPSUMNITA
괴롭다→괴롭습니다
クェロプ タ クェロプスム ニ ダ
苦しいです
CHEMIISSTA CHEMIISSUMNITA
재미있다→재미있습니다
チェ ミ イッ タ チョ ミ イッスムニ ダ
おもしろいです
CHURKOPTA CHURKOPSUMNITA
즐겁다→즐겁습니다
チュルゴプタ チュルゴプスムニ ダ
楽しいです
CHIRUHATA CHIRUHAMNITA
지루하다→지루합니다
チ ル ハ ダ チ ル ハムニ ダ
たいくつです
KURIPTA KURIPSUMNITA
그립다→그립습니다
ク リプ タ ク リプスム ニ ダ
恋しいです

PUTU´ROPTA PUTU´ROPSUMNITA´
부드럽다 → 부드럽습니다
プ ドゥロプ タ プドゥロプスム ニ ダ
やわらかいです
KUTTA KUTSUMNITA´
굳다 → 굳습니다
クッ タ クッスム ニ ダ
かたいです
PURUTA´ PURUMNITA´
푸르다 → 푸릅니다
プ ル ダ プ ルム ニ ダ
青いです
PUKTA PUKSUMNITA´
붉다 → 붉습니다
プク タ プクスム ニ ダ
赤いです
HWUITA´ HWUIMNITA´
희다 → 흽니다
フィ ダ フィムニ ダ
白いです
KOMTA KOMSUMNITA´
검다 → 검습니다
コム タ コムスム ニ ダ
黒いです

さてこれでどれだけのことが言えるようになりましたか?
まずあいさつと
○○が(は)○○です(ですか?)
○○が(は)あります(います)ありますか?(いますか?)
○○が(は)ありません(いません)ありませんか?(いませんか?)
そして
○○が(は)○○します○○しますか?○○いです○○いですか?
○○が(は)しませんしませんか?○○くない○○くないですか?

だいたい こんなところですけど これだけで○○の単語を 入れ替えれば ほとんどの ことが言えます
もちろん カタコト だけどね
あとは 単語をたくさん おぼえることね
そう そのために 漢字のハングル音を 使うといい
原則的に 一字 一音 ですから
하《ハ》다《ダ》を つければ 動詞に なるしね
何度も言うとおり 日本語と 韓国語は そっくり です
だから 日本語で 考えてハングルに 変えれば いいわけ
あんたはまず 漢字を おぼえる ことね
ハハハ

それでは「てにをは」をひととおり
まず「が」と「は」ね
~が 가 パッチムなし 이 あり
~は 는 パッチムなし 은 あり
APOCHIKA
아버지가
KAMNITA
(父が行きます) 갑니다.
APOCHINUN KAMNITA
아버지는 갑니다.
(父は行きます)
これはもうおぼえたわ
次は目的の「を」ね
~を 를 パッチムなし 을 パッチムあり
YONGORUR KONGPUHAMNITA
영어를 공부합니다.
(英語を勉強します)
PAPUR MOKSUMNITA
밥을 먹습니다.
(ご飯を食べます)
これは使えそう
「私の」と言うときの「の」です
所有の「の」ね
~の 의
ンーとウィね

ところがなぜか E《エ》と発音するんだ 「の」のときだけ
E
의
すると どうなるの？
こうなります
KU E CHEK
그의 책
クエ チェク
(彼の本)
クエ チェクね
次は「と」 ホントは와《ワ》と과《クァ》が あるんだけど ちょっと ややこしいから ひとつだけ
HA KO
〜と 하고
ハゴね
HANKUK HAKO IRPON
한국하고 일본
ハングク ハゴ イルボン
(韓国と日本)
次は「に」
〜に 에 場所に使う
에게 人に使う
HAKKYOE KAMNITA
학교에 갑니다.
ハッキョエ カムニダ
(学校へ 行きます)
NA EKE CHUSEYO
나에게 주세요.
ナエゲ チュセヨ
(私に ください)
エと エゲだ

次は「〇〇も」の「も」です
～も 도《TO》
NA TO KAMNITA
나도 갑니다.
ナド カムニダ
(私も 行きます)
NA TO MOKSUMNITA
나도 먹습니다.
ナド モクスムニダ
(私も 食べます)
「で」は「로《ロ》」と「으로《ウロ》」 方法に使う 手段だね
～で 로 パッチムなし
으로 パッチムあり
TEKSIRO KAMNITA
택시로 갑니다.
テクシーロ カムニダ
(タクシーで 行きます)
TONURO SAMNITA
돈으로 삽니다.
トヌロ サムニダ
(お金で 買います)
パッチムがあるほうが으로ね
だいたいの理屈がわかってきたわ
またこの로と으로は〇〇へ(方向)にも使います
～へ(に) 로 パッチムなし
으로 パッチムあり
OTIRO KAMNIKA
어디로 갑니까?
オディロ カムニカ
(どこへ 行きますか)
CHIPURO KAMNITA
집으로 갑니다.
チブロ カムニダ
(家へ 行きます)
あー またゴチャゴチャと
フラフラ
ママ

で「で」が場所のときはこうなります
(場所)～で
ESO
에서
SO
서
HAKKYOESO KONGPU HAMNITA
학교에서 공부합니다.
ハッキョエソ コンブ ハムニダ
(学校で 勉強します)
CHIPESO SIKSAHAMNITA
집에서 식사합니다.
チベソ シクサハムニダ
(家で 食事します)
あっ
あっ
ママ
また これは「から」の意味もある
(場所)～から
에서
서
PUSANESO OMNITA
부산에서 옵니다.
プサネソ オムニダ
(釜山から 来ます)
SOURESO PSANKACHI
서울에서 부산까지
ソウレソ プサンカヂ
(ソウルから 釜山まで)
うーん
ママ
まァまァ いっぺんにおぼえなくてもいいから
もう冗談じゃないわよ
また あとでも出てきます
もう

あとは疑問に使う英語の5W1Hです まず「どこ」は어디
こう使う
O TÍ
どこ→어디
Where オディ
YOKU'N OTI'MNIKA
역은 어딥니까？
ヨグン オディムニカ
（駅は どこですか）
これは使えるわね
次はいつ
ON CHÉ
いつ→언제
When オンヂェ
ONCHÉ CHURPARHAMNIKA
언제 출발합니까？
オンヂェ チュルパラムニカ
（いつ 出発しますか）
これもね
次は何
MUOS
何→무엇
What ムオッ
IKO'SUN MUOSIMNIKA
이것은 무엇입니까？
イゴスン ムオシムニカ
（これは 何ですか）
これはやったわね

次は誰？
NUKÚ
誰→ 누구
Who ヌグ
CHO SARAMUN NUKUIMNIKA⃗
저 사람은 누구입니까？
チョ サラムン ヌグイムニカ
（あの人は 誰ですか）
これもやったわ
そしてなぜ
WOE
なぜ→ 왜
Why ウェー
WOE NUCHŎCHI KŎ ISSUMNIKA⃗
왜 늦어지고 있습니까？
ウェー ヌヂョヂゴ イッスムニカ
（なぜ遅れて いるのですか）
ウェー
最後に1H
OTŎHKE
どのように→ 어떻게
HOW オットケ
OTŎHKE HAMYON CHOHSUMNIKA⃗
어떻게 하면 좋습니까？
オットケ ハミョン チョッスムニカ
（どのようにしたら いいですか）
オットケというよりホットケね

まだまだ
たくさんあるけれど
とりあえず
これだけで
あー
頭が
痛い
ママ
だいじょうぶ？
そういうときは
モリガアプダ
と言わ
なくちゃ
うる
さい！
MORIKA APUTA
머리가 아프다
(頭が痛い)
よし
わかった
それでは
必要最小限の
ハングルで
韓国旅行に
出かけよう
やった
そう
こなくっちゃね

コラム

8 ソウルが東京だとすれば、釜山《プサン》は大阪？

日本は小さな国だけど、いろんな方言があります。高校生の頃、無銭旅行で東北に行ってははじめて東北弁を聞きました。何を喋ってるのか全然わからなかったですね。最近になって沖縄のお年寄りとも話しましたが、チンプンカンプンでした。

韓国にも、これと同じことがあります。サトリというんだけど、ソウルが東京だとすれば、大阪に当たるのが釜山だと思います。つまり関西弁のようにメジャーな方言ということですね。

余談だけど、韓国語と関西弁は親和性が高いというか、波長が合ってるみたい。関西空港で韓国帰りの人の話を聞いてると、じつに自然に韓国語から関西弁になってゆくんでびっくりします。

また韓国には沖縄弁みたいなものもあるんです。テレビの仕事で済州島《チェジュド》に行ったとき、その頃はもうそこそこ喋れたんだけど、海女さんと話をしたときは自信を失いました。ぼくの言葉は通じても、相手の言うことが全然わからない。まァこれは通訳の人さえ「私にもわからない」と言っていたくらいだから、いいのかもしれませんが。

ところが、そういう海女さんがじつは日本語をよく知っていて、「よくぞ遠いところをわざわざいらっしゃって……」とすごくきれいな日本語で話してくれたりする。これは「日帝三十六年」の教育のせいなんだけど、いまみたいに崩れていなくて、奥ゆかしくて美しい昔の日本語で、不思議な気分になります。

6章

ソウルの街を歩いてみよう

URITU'RUN (NANUN) HANKU'KE' KAMNITA'

우리들은(나는) 한국에 갑니다.

ウリドゥルン（ナヌン）ハングクエ（ゲ） カムニダ

私たちは（私は）韓国へ行きます

ホント すぐお隣なのね
あっというまです
行ってらっしゃい
韓国
한국
日本
일본

とりあえずは
アンニョンハセヨ
一本槍でいい
朝でも昼でも
夜でもいいのね
アテンダントさんにも
안녕 하세요.
안녕 하세요.
入国も
안녕하세요.
네.
タクシーも
えっ
タクシーも
そう礼儀の
国だからね
안녕하세요.
네. 안녕하세요.

さあ何て言えばいい？
え！タクシーなんて習ってないよ
お願いしますでいいだろ
PUTAKHAMNITA 부탁 합니다. プタッカムニダ (お願いします)
あ そうか
ここでひとつ勉強「〇〇まで」は「까지」だ
KACHI
~まで→ 까지
カヂ
カヂね
市内(SINE)
시내
シネ
(KONGHANG)
空港
공항
コン ハン
だから
SINEKACHI PUTAKHAMNITA
시내까지 부탁합니다.
シネカヂ プタッカムニダ
(市内まで お願いします)
NE
네.
ネー
(はい)

またホテルが決まっていればメモを見せて
YOKI YOKI
여기 여기
ヨギ ヨギ
(ここ、ここ)
でもいい
それをていねいに言うと
YOKI PUTAKHAMNITA
여기 부탁합니다.
ヨギ プタッカムニダ
(ここ、お願いします)
「行ってください」はカチュセヨだ
KA CHUSEYO
가 주세요.
カ チュセヨ
(行って ください)
このチュセヨをぜひおぼえよう
どうしてよ
なんでも使えて便利だからさ
少し練習していこう
○○チュセヨね

KITARYO CHUSEYO
기다려 주세요.
キダリョ チュセヨ
お待ちください

HE CHUSEYO
해 주세요.
ヘ チュセヨ
してください

SO CHUSEYO
써 주세요.
ソ チュセヨ
書いてください

PAKWUO CHUSEYO
바꿔 주세요.
パックォ チュセヨ
替えてください

YORO CHUSEYO
열어 주세요.
ヨロ チュセヨ
開けてください
다방

KARUCHYO CHUSEYO
가르쳐 주세요.
カルチョ チュセヨ
教えてください

POYO CHUSEYO
보여 주세요.
ポヨ チュセヨ
見せてください
CHACHA CHUSEYO
찾아 주세요.
チャヂャ チュセヨ
探してください
PURRO CHUSEYO
불러 주세요.
プルロ チュセヨ
呼んでください
KAKA CHUSEYO
깎아 주세요.
カッカ チュセヨ
まけてください
NERYO CHUSEYO
내려 주세요.
ネリョ チュセヨ
降ろしてください
WOA CHUSEYO
와 주세요.
ワ チュセヨ
来てください

さあ着いた ホテルは 호텔だ
HOTEL
OSO OSEYO
어서 오세요.
オソ オセヨ
(いらっしゃいませ)
안녕 하세요.
部屋の ことは 방(房)と いう
PANG
방
パン
(部屋)
パンね
「ありますか?」は?
ISSUMNIKA
있습니까?
イッスムニカ
PANG ISSUMNIKA
방 있습니까?
パン イッスムニカ
(部屋 ありますか)
NE ISSUMNITA
네 있습니다.
ネー イッスムニダ
(はい あります)

ONTORPANGHAKO CHIMTEPANGI
온돌방하고 침대방이
ISSUMNITA
있습니다.
オンドルパンハゴ チムデパンイ
イッスムニダ
なんて言ってるの?
オンドルとベッドがあるってさ
漢字だとこうなる
ONTOR オンドル
온돌(温突)
CHIMTE チムデ
침대(寝台)
なるほどね
ベッドはわかったけどオンドルてのは?
韓国式床暖房のことだよ
せっかくだから韓国式の部屋にしよう
ONTORI CHOHSUMNITA
온돌이 좋습니다.
オンドリ チョッスムニダ
(オンドルが いいです)
NE
네.
ネー
(はい)

ソウルというのは都という意味の固有語なんだ
SO UR
서울
ソ ウル
だから釜山《プサン》や大田《テジョン》のような漢字がないんだ
食事がてら街を歩いてみよう
そして看板の字を読むのね
これは?
タムペかしら
담배
Pが濁ってタムベだ
TAMPE
담배
タムベ
タバコのことね
あの大きな建物は銀行だ
ウンヘンね
UNHENG
은행

そうだけどㅎは弱い音だから ㅇと同じように ㄴが入りこんで ウネンとなることが多い
UNHENG
은행
ウネン
(銀行)
これは食堂
シクタンね
SIKTANG
식당
シクタン
(食堂)
당
ちょっと古い言い方ね
日本では通用しない漢字語もあるよ
漢字のハングル書きは多いよ
KUKCHANG
극장
クク チャン
(劇 場)
화
ゲームセンターだ
オラクシルとなるのね
ORAKSIR
오락실
オ ラク シル
(娯 楽 室)
たとえばこれ
モギョクタンてなーに
MOKYOKTANG
목욕탕
モギョクタン
(沐 浴 湯)
목욕탕

お風呂銭湯のことさ
斎戒沐浴の沐浴かしら
沐浴＝入浴
これはハンコ屋さん安いから作ってもらったら？
TOCHÁNG
도장
トチャン
(図 章)
ハングルで彫るの？
도장
屋台みたい
喫茶店だ多いよ韓国は
TAPÁNG
다방
タ バン
(茶 房)
名古屋みたい
Coff
そして薬局
YAK
약
ヤク
(薬)
これはわかる
약
약
약
약
약
英語もハングルで書いてあるよ
TI SU KO
디스코
ティスコッ
(ディスコ)
ディスコじゃないの
だから韓国語は頭が濁らないの
스코

食事は 식사だから 食事しますは？
하다をつけて シクサハムニダ かな
SIKSA HAMNITÁ
식사합니다
シクサハムニダ
（食事します）
불고기
당
それでも いいんだけど こういうときは 「しましょう」のほうが ピッタリだね
それは 習ってないわよ
ムニダの代わりに プシダをつければいい
P SI TÁ
ㅂ시다
プ シ ダ
（しましょう）
SIKSA HAPSITÁ
식사합시다
シクサハプシダ
（食事しよう）
ほかのものも同じだよ
英語の レッツみたいな ものね
POTÁ 보다 ポダ → POPSITÁ 봅시다 ポプシダ （見よう）
KATÁ 가다 カダ → KAPSITÁ 갑시다 カプシダ （行こう）
HATÁ 하다 ハダ → HAPSITÁ 합시다 ハプシダ （しよう）

さてと何にしようか
カタカナがないから読めないよ
메뉴
そのためのコーシン式じゃないか音は出るだろ?
えーとえーとこれがKでAでRでカル…
메 뉴
だいたいこんなものがあります
국밥
불고기
갈비
비빔밥
김치
깍두기
오이김치
곰탕
빈대떡
대구탕
갈비국
미역국
찌게
냉면
삼계탕
육회
상추
술
소주
맥주
練習のため発音してみてね

これらの注文はたった一言でいいチュセヨだ
CHU SE YO
주세요
チュセヨ
(ください)
注文のチュとおぼえよう
でいくつというのは1、2、3でもひとつ2つでもいい
んーとんーと
메뉴
なんだっけ?
えーとイルイーサムとハナトゥルセーだっけ
메뉴
ふつうひとつ2つのほうだね
PURKOKI HANA CHUSEYO
불고기 하나 주세요.
プルコギ ハナ チュセヨ
(焼き肉 ひとつ ください)
네.
ネー
메뉴

違うものを頼むときは「と」が使える 하고だ
あ そうだった
PURKOKÍ HAKÓ KUKPAP CHUSEYO
불고기하고 국밥 주세요.
プルコギハゴ クックパプ チュセヨ
(焼肉 と クッパをください)
NE
네.
ネー
메뉴
わからない料理があったら「これは何ですか?」だ
IKÓSUN MUOSIMNIKA
이것은 무엇입니까?
イゴスン ムオシムニカ
(これは 何 ですか)
でも答えがわかんないんじゃない
메뉴
そういうときは「おいしいですか?」と聞けばいい「イッスムニカ?」は
えーと「ありますか?」だ
マッが味だからあればうまいなければまずいという意味になる
MAS
맛
マッ
(味)
있다
イッタ
(ある=うまい)
없다
オプタ
(ない=まずい)
フーン

だから おいしいときは 「味がある」といえば いい
MASISSUMNITA 맛있습니다. マシッスムニダ (おいしいです)
KAMSAHAMNITA 감사합니다. カムサハムニダ (ありがとうございます)
お金を払うときは 「いくらですか?」 だから
ORMA IMNIKA 얼마입니까? オルマ イムニカ (いくら ですか)
NE 네. ネー
で店を出るときは 「さようなら」だ
ANNYONGHI KYESEYO 안녕히 계세요. アンニョンヒ ケセヨ
NE ANNYONGHI KASEYO 네. 안녕히 가세요. ネー アンニョンヒ カセヨ
南山
불고기

次は買い物だ
おみやげね
南大門市場へ行こう
KAPSITA 갑시다 ね
カプシダ
(行きましょう)
わァすごい!
人だらけだ
ここは黙っていても売りに来るから言葉はひとつでいい
なんて言うの?
これだ
PI SA TA
비싸다
ピサダ　(高い)
PISAMNITA
비쌉니다.
ピサムニダ
(高いです)

思っても言っちゃいけないのが
SA TA
싸다
サダ
(安い)
かならず値ぎるのがここの買い方さ
ふーん
がんばれ
PI SA TA 비싸다. PI SA TA 비싸다.
やりにくいなァ…
なかには日本語で売りに来る人もいる
はい安いよ安いよ
そういうときはこれ!
PIRYO OPTA
필요없다
ピリョオプタ
(必要ない)

きちんと断わること
KUKOSUN PIRYO OPSUMNITA
그것은 필요 없습니다.
クゴスン ピリョ オプスムニダ
(それは 必要 ありません)
NE
네.
ネー
(はい)
さあホテルに帰ろう
HOTER KAPSITA
호텔 갑시다.
ホテル カプシダ
(ホテル 行こう)
은행
HOTEL
ちょっと
なんだ
地下にカラオケがあるってよ行ってみる
いいね
안

日本のもあるかしら
聞いてみたら
OSO OSEYO
어서 오세요.
オソ オセヨ
(いらっしゃいませ)
카라오개
カラオケ
NORE ノレ
노래 歌
HANKUKNORE ハングクノレ
한국노래 韓国の歌
IRPONNORE イルボンノレ
일본노래 日本の歌
こうなってる
IRPONNORE
일본노래
ISSUMNIKA
있습니까?
イルボンノレ イッスムニカ
(日本の歌ありますか?)
NE
네
ISSUMNITA
있습니다.
ネー イッスムニダ
(はい、あります)
NO RE CHEK
노래책
CHUSEYO
주세요.
ノレチェク
チュセヨ
네.
ネー
はい
なーに?ノレチェクって
책は本だから歌の本だよ

ここで役に立つのが数字と「の」だ
E
의《エ》
~の
本当はUI《ウイ》だけどE《エ》と発音するのね！
たとえばAの318と言いたいときは
A-318ね
A 의 318
エー エ サムイルパル
となる
0《ゼロ》はなんて言うの？
공《コン》(空)という言い方もあるけどゼロでいいよ
じゃあたしこれ
パパは「釜山港へ帰れ」だ

韓国の歌を日本語で歌うとウケます
つばき咲く
CHOHAYO
좋아요!
チョアヨ
いいぞ!
歌は共通の言葉 日本の歌もそうとう歌われています
恋人よ〜
좋아요!
안녕히 가세요.
감사합니다.
ちょっと歌いすぎたかな…
あー楽しかった
카라오개
카라오개

韓国人の喋っている言葉の50パーセントは日本と共通の漢字語だそうだ
まァ
だから日本人は半分韓国語の基礎があると言えるんだ
なるほどね
だから何度も言うようにそのハングル表記をおぼえればいいわけ
漢字＝한자
発音はコーシン式でね
하다をつければ動詞になるしね
習うより慣れろ共通の単語だけで話は通じます
私たちでもできたんだから誰にでもできるはずよね

とにかくこれを読んだら韓国へ行こう
そして看板のハングルを読もう
おかえりなさーい
絶対自信がつきますよ
공부하세요

コラム

9 喋れるようになってからの苦労

四十歳すぎて韓国語を始めて、そんなに熱心じゃなかったのに本を書くほどになりました。われながらエライと思います。

でも、中途半端に喋れるほうが苦労する場合もあるんです。

韓国旅行をしててトイレに行きたくなった時のこと。トイレは韓国語で便所（ピョンソ）と言いますが、デパートなんかでは化粧室（ファージャンシル）って言葉を使ってます。これは日本語とまったく同じです。

団体旅行の時、連れのおばさんが急にもよおしてしまった。周囲の韓国人に早口で「ファージャンシル、オディ?」って尋ねたんです。するとぼくのことを韓国人と思ったのか、流ちょうな韓国語で教えてくれた。それがあまりにも早口なものだから、全然聞き取れなかったんです。あの時は困りました。

ですからこういう時は、わざとゆっくり「ファージャンシルン、オディ、イッスムニカ?」と、丁寧に初心者っぽく尋ねたほうがいい。そうすると尋ねられた側は「ああ、日本人が一所懸命喋ってるんだな」とわかる。

韓国語も英語も日本語も、会話はすべてそうだけど、向こうの言ってることもわからなきゃ会話にならないでしょう? 言うだけぺらぺらでも、向こうから返ってくるぺらぺらがわからなければ意味がない。

このキャッチボールができるようになれば、たとえゆっくりでも、会話は数段楽しくなりますよ。

こうすればよくわかるね

日本語と韓国語がよく似ているところをおさらいしましょう

行きます
갑니다
KAMNITA
カムニダ

私は 行きます
나는 갑니다.
NANUN KAMNITA
ナヌン カムニダ

私は 韓国へ 行きます
나는 한국에 갑니다.
NANUN HANKUKE KAMNITA
ナヌン ハングゲ カムニダ

私は 日曜日に 韓国へ行きます
나는 일요일에 한국에 갑니다.
NANUN IRYOIRE HANKUKE KAMNITA
ナヌン イリョイレ ハングゲ カムニダ

私は 今度の 日曜日に韓国へ行きます
나는 다음 일요일에 한국에 갑니다.
NANUN TAUM IRYOIRE HANKUKE KAMNITA
ナヌン タウム イリョイレ ハングゲ カムニダ

私は今度の日曜日に 友達といっしょに 韓国へ行きます
나는 다음 일요일에
친구하고 같이 한국에 갑니다.
NANUN TAUM IRYOIRE CHINKUHAKO KACHI HANKUKE KAMNITA
ナヌン タウム イリョイレ チングハゴ カッチ ハングゲ カムニダ

だから日本語で考えてそのまま韓国語に直せばいいのさ
そのための言葉もおぼえましょう
「てにをは」の続きね
歌手のように歌います
~のように
CHOROM
처럼《チョロム》
KASU CHOROM NOREHAMNITA
가수《カス》 처럼《チョロム》 노래합니다《ノレハムニダ》.
馬くらい大きいです
~くらい
MANKUM
만큼《マンクム》
MARMANKUM KUMNITA
말만큼《マルマンクム》 큽니다《クムニダ》.

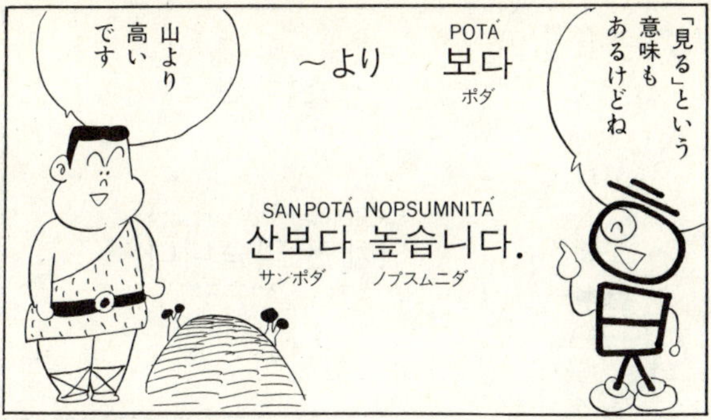
「見る」という意味もあるけどね
POTA
보다
ポダ
～より
SANPOTA NOPSUMNITA
산보다 높습니다.
サンポダ ノプスムニダ
山より高いです

HAKO KATSUMNITA
하고 같습니다
ハ ゴ カッスムニダ
～と同じです
(のようです)
ヘビと似ています
PEMHAKO KATSUMNITA
뱀하고 같습니다.
ぺムハゴ カッスムニダ

RAKO HAMNITA
라고 합니다
ラゴ ハムニダ
～といいます
ハングルといいます
HANKURI RAKO HAMNITA
한글이라고 합니다.
ハングリ ラゴ ハムニダ

野菜だけ食べます

MAN
〜だけ 만
(ばかり) マン

YACHEMAN MOKSUMNITÁ
야채만 먹습니다.
ヤチェマン モクスムニダ

1時から始まります

PU TO
〜から 부터
プト

HANSIPUTO SICHÁKHAMNITÁ
한시부터 시작합니다.
ハンシ プト シヂャッカムニダ

何時までしますか?

KACHÍ
〜まで 까지
カヂ

MYOTSIKACHÍ HAMNIKA
몇시까지 합니까?
ミョッシ カヂ ハムニカ

文庫版あとがき

『まんが　ハングル入門』が出たのは一九九五年の七月です。ずいぶん昔のような気もしますが、つい昨日のような気もする。

アイデアのヒントは、当時荻窪駅南口にあったアジア語学院の韓国語教師朱恵卿（チュ　ヘギョン）先生の一言でした。生徒であるぼくに「あなたのハングルは私より上手です」とおっしゃったのです。不思議がって「なぜですか？」とも。そこでぼくは「マンガ家だからです」と答えました。つまりマンガ家にとっては字も絵であると。

大人マンガの場合、文字は全部手書きです。ですから読みやすくなければならない。セリフの文字はマンガの一部なのです。そして、その書き方が丸と四角のハングルにぴったりだった（笑）。文字というより記号を書く感じです。

そこで考えました。せっかく覚えたこのハングルを使って何かできないだろうかと。それが主人公（？）の「モジャ君」でした。このキャラクターは考えた時、あっという間にできました（笑）。あまりにもカンタンだったので前にも考えた人がいたのではと心配になったくらいです。

そこで朱先生にうかがうと「韓国に、そんな人はいません」とのこと。韓国では小学校でハングルを習う時、その字が口の形であるとか、舌の動きであるとか、いろいろあってけっこうむつかしいのだそうです。そして、ぼくの描いたモジャ君を見て「これは日本人がハングルを覚えるのにいいかもしれませんね」とおっしゃった。これで自信がつきました。

それからというもの、人を見ると「ちょっとハングル教えましょう」と言うハングル伝道師になってしまった。まあ面白がってくれた人もいましたが、ほとんどの人が迷惑がっていましたね。当たり前か（笑）。

そしてその少ない面白がってくれた人の中に永六輔先生がいたのです。永先生は当時、御自分が持っていたテレビ番組「2《に》×3《さん》が六輔《ろくすけ》」（日本テレビ）でこれをやりなさいとおっしゃった。ちょっとビビりましたね。はたしてうまくいくだろうかと。

いつもやっているのは酒の席での冗談のようなものなのですから。また、もしテレビを見た韓国人が「偉大なる文字（ハングルの意味です）をマンガにするとはケシカラン!!」と言ってきたらどうしようかと。まあそのへんは永先生の「ぼくがうまくやるから」を信じることにしました。
そして記念すべき「まんが　ハングル入門」が深夜のテレビで放送されたのです。その明くる日に家の電話が鳴りました。光文社カッパ・ブックスの瀬尾編集者からでした。用件は「テレビを見た。ついてはあれをそっくり本にしよう」でした。
あとはトントン拍子です。あっという間に描きあげ、あっという間に本が出ました。永六輔先生からも当然のように推薦文をいただいてしまった。何から何までの恩人です。おかげさまで『まんが　ハングル入門』はロング・セラーとなりました。まさに「チョンマル・カムサハムニダ」です。
この本についての思い出があります。
「日韓親善歌謡大会」に出場するため訪韓した時のことです。会場のソウル陸軍会館に五人の和服姿の日本女性がぼくを訪ねて来ました。全員が『まんが　ハングル入門』を持っています。これで勉強したと。すでに韓国人男性と結婚して韓国に住んでいるとのことで、韓国語はもうペラペラです。そのキッカケとなった本の著者であるぼくに礼が言いたくて来たという。
思わずジンときましたね。冥利につきるとはこのことです。
というわけで今回の文庫化を大変よろこんでいます。

最後に一言つけ加えると、これはまったくの初心者のための本ですので、韓国語の特徴である連音《リエゾン》とか変音（文字の発音が変わる）については説明していません。最初からこれをやると、ややこしくなり、せっかく覚えたハングルが分からなくなってしまうからです。よく見ると、上のローマ字と下のカタカナが合っていないことがあるのに気づかれると思います。この謎は、学習を続ければ、いずれ解けます。その時までの楽しみにとっておいてください（笑）。

それでは、ヨロブン読んでいただきまして、チョンマル・カムサハムニダ（笑）。

高　信太郎

アンニョン！

本書は『まんが　ハングル入門』（一九九五年／小社刊）を加筆修正し文庫化したものです。

知恵の森
KOBUNSHA

まんが ハングル入門《にゅうもん》
笑《わら》っておぼえる韓国語《かんこくご》

著　者—高 信太郎（こう しんたろう）

2009年　6月20日　初版1刷発行
2009年　7月15日　　　2刷発行

発行者—古谷俊勝
組　版—萩原印刷
印刷所—萩原印刷
製本所—フォーネット社
発行所—株式会社 光文社
東京都文京区音羽1-16-6 〒112-8011
電　話—編集部(03)5395-8282
書籍販売部(03)5395-8113
業務部(03)5395-8125
メール—chie@kobunsha.com

ISBN978-4-334-78532-1　Printed in Japan

78525-3
aえ1-9

エンサイクロネット 編

今さら他人《ひと》には聞けない大人の常識力630＋α

◎「とんでもございません」は間違い◎「プチプチ」の正式名称は？◎脂肪はもんでも取れない？究極の雑学本第四弾！『今さら他人《ひと》には聞けない常識700＋α』改題。

720円

78407-2
bえ1-6

遠藤《えんどう》 周作《しゅうさく》

「埋もれた古城」と「切支丹の里」

日本紀行

〝敗軍と禁教徒〟という弱者の悲劇を背負った土地を歩き、失われた風景の中に日本人の心を見出す。取材時の写真を多数収録した新編集版。（解説・安部龍太郎）

760円

72789-5
aお6-1

岡本《おかもと》 太郎《たろう》

時代を創造するものは誰か

今日の芸術

「今日の芸術は、うまくあってはならない。きれいであってはならない。ここちよくあってはならない」—時を超えた名著、ついに復刻。（序文・横尾忠則　解説・赤瀬川原平）

520円

78417-1
aお3-3

小塩《おしお》 節《たかし》

音楽と人生に出会う

モーツァルトへの旅

モーツァルトは三十六年弱の生涯をほとんど旅の地で過ごし、七百曲近い美しい音楽に結晶させた。彼を愛してやまない著者の、清冽なる音楽紀行。年譜、貴重写真を収録。

620円

78404-1
bか3-1

加島《かじま》 祥造《しょうぞう》

知恵と自由のシンプルライフ

老子と暮らす

心の中に清浄な空気が入り込んでくる老子のダイナミズム。長野の山奥に転居し、老子の思想とともに暮らす八十二歳の詩人・米文学者・タオイストからの招待。

650円

78528-4
tか4-1

春日《かすが》 武彦《たけひこ》

異常犯罪の解剖学

心の闇に魔物は棲むか

「心の病」はどこまで危険なのか？繰り返される「異常な犯罪」への専門家の分析は、本当に信用に足るものなのか。気鋭の精神科医が、犯罪に潜む「心の闇」を考察する。

800円

78526-0
tか3-1
河合《かわい》　敦《あつし》
人を動かし、育てる力
維新のリーダー
勝海舟、西郷隆盛、吉田松陰、大塩平八郎、福沢諭吉、岩崎弥太郎。すぐれた部下を育てた維新のリーダーに学ぶ、大胆な行動力と広い度量の養い方。『偉人にみる人の育て方』改題。
900円

78512-3
tか2-1
川島《かわしま》　隆太《りゅうた》
子どもの脳を鍛える子育てアドバイス
脳科学の第一人者が、「子どもの脳の成長にとって何がベストか」を説く。育児書には書かれていない「脳トレ」法。『おいしい父親の作り方　かしこい子どもの育て方』改題。
680円

78152-1
bし2-1
塩月弥栄子《しおつきやえこ》
人をひきつけ自分を活かす
上品な話し方
身につけた品位が、話し方に品格を感じさせるのであって、カクアルベシという型にはまった「お上品」をするのは、むしろ逆の結果になる。「言葉の立ち居振舞い」集。
480円

78483-6
tし1-1
白洲《しらす》　正子《まさこ》
河合《かわい》　隼雄《はやお》
縁は異なもの
心理学者・河合の導きで、明恵上人、西行、能、両性具有など、多彩なテーマを題材に人間の生き方、古典、美への思いが惜しみなく語られる貴重な一冊。
620円

78497-3
tし1-2
白洲　正子
選ぶ眼　着る心
きもの美
「粋」と「こだわり」に触れながら、審美眼に磨きをかけていった著者。「背伸びをしないこと」「自分に似合ったものを見出すこと」。白洲正子流着物哲学の名著。（解説・髙田倭男）
700円

78493-5
tす1-1
末永《すえなが》　蒼生《たみお》
自分を活かす色　癒やす色
人生を変える色彩の秘密
仕事から子育て、医療現場まで、その驚くべき色彩の心理効果を紹介し、あなたの「心」と「脳」と「体」を最大限活かすための色の使い方を学ぶ。『自分を活かす色、癒す色』改題。
680円

78504-8
tす2-1

杉本《すぎもと》　節子《せつこ》

218年の「歳中覚」

京町家のしきたり

今から二百十八年前より京町家「杉本家」に伝わる「歳中覚」。季節ごとの室礼、「おばんざい」、人づきあいのことなど「こうと（質素の中にある品格）」な暮らしの知恵。（解説・恩田　陸）

760円

78524-6
tた3-1

太宰《だざい》　治《おさむ》

人生ノート

「やさしくて、かなしくて、をかしくて、氣高くて、他に何が要るのでせう。」――『「晩年」に就いて』より。「箴言」の名手であった太宰治、文学のエッセンスを凝縮した随想集。

600円

78527-7
tた4-1

立川談四楼《たてかわだんしろう》

声に出して笑える日本語

アナウンサーの致命的な言い間違いから、落語の味わい深いセリフまで。集めに集めた「笑える日本語」のオンパレード。しかも確実にタメになる傑作エッセイ。『日本語通り』改題。

740円

78005-0
bた2-1

ダライ・ラマ十四世
石濱裕美子《いしはまゆみこ》　訳

心は死を超えて存続する

ダライ・ラマの仏教入門

「重要なことは、毎日意味のある人生をおくること、私たちが心に平和と調和をもたらそうとすること、そして社会に対して建設的に貢献することなのです」（「まえがき」より）。

520円

78511-6
tつ2-1

常光《つねみつ》　徹《とおる》
京極夏彦《きょうごくなつひこ》
小松和彦《こまつかずひこ》
他

異界談義

遺影ができた由来、鬼門とは何か、家相と風水の関係、日本と韓国の都市伝説、異界・妖怪の起源を探る京極夏彦氏と小松和彦氏の対談ほか、身近にある『異界』への入り口案内。

760円

78463-8
tつ1-1

鶴見《つるみ》　紘《ひろし》

白洲次郎の日本国憲法

吉田茂首相の右腕としてGHQと対峙し、新憲法制定に深く関わった白洲は、日本国憲法をどう考えていたのか。そしてその舞台裏では？戦後復興の秘話と魅力ある人物像。

580円